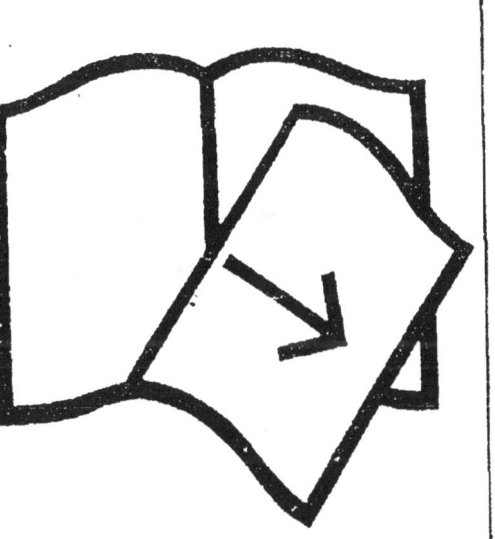

Couverture supérieure manquante

Original en couleur
NF Z 43-120-8

LIBRAIRIE BLÉRIOT, HENRI GAUTIER, Successeur
55, QUAI DES GRANDS-AUGUSTINS, PARIS

DERNIÈRES NOUVEAUTÉS PARUES

Jab. — Le Sang chrétien. 1 vol. in-12. . . . . 3 »
Jacquet (F.). — Manuel des Connaissances utiles. 1 vol. in-12. . . . . 2 »
Joséfa (Marie-Thérèse). — Sans Brevet. 1 vol. in-12. . . 2 »
— Autour d'une Dot. 1 vol. in-12. . . . . 2 »
Karr (Th.-Alphonse). — Catherine Tresize. 1 vol. in-12. 2 »
Lachèse (Marthe). — Joséphe. 1 vol. in-12. . . . . . . 3 »
La Germondaye (S. de). — Recueillie. 1 vol. in-12. . . 2 »
Lamothe (A. de). — Les Grands soucis du docteur Sidoine. 1 vol. in-12. . . . . 3 »
— Les Moissonneurs de tempêtes. 1 vol. in-12. . . . . 3 »
Le Beaumont (Maurice). — Seule! 1 vol. in-12. . . 2 »
Lionnet (Ernest). — Pauvre Tri. 1 vol in-12. . . . . . . 2 »
— Député sortant. 1 v. in-12. 2 »
— Chacun sa voie. 1 v. in-12. 2 »
Maltravers (Raoul) — L'Erreur de Raoul. 1 vol. in-12. . 2 »
— Le Pseudonyme de Mademoiselle Merbois. 1 vol in-12. 2 »
— Une Belle-Mère. 1 vol. in-12. . . . . 2 »
Marcus (Lord). — Le Crime de la justice. 1 vol. in-12. . 2 »
— La Fille du maudit. 1 vol. in-12. . . . . 2 »
— La Libre pensée, c'est le crime. 1 vol. in-12. . . . . . . 2 »
Maricourt (Cte A. de). — L'Ancêtre voilée. 1 vol. in-12. 3 »
— Le Crime de Virieux-sur-Orques. 1 vol. in-12 . . . 2 »
— La Broche perdue. 1 vol. in-12. . . . . 3 »
Maryan (M.). — Le Secret de Solange. 1 vol. in-12 . . 3 »
— L'Hôtel Saint-François. 1 vol. in-12. . . . . 2 »
Maryan (M.). — La Cousine Esther. 1 vol. in-12 . . . 3 »
— Une Cousine pauvre. 1 vol. in-12. . . . . 3 »
— Primavera. 1 vol. in-12. 2 »
— Anne de Valmoët. 1 vol. in-12. . . . . 2 »
Navery (De). — Les Enfants du bourgmestre. 1 vol. in-12. 2 »
— La Fleur de Neige. 1 vol. in-12. . . . . 2 »
— Les Femmes malheureuses. 1 vol. in-12. . . . . . . 2 »
— Le Duel de la veuve. 1 vol. in-12. . . . . 2 »
Pinson (Mme). — La Bague des fiançailles. 1 vol. in-12. 2 »
Poitiers (Dr Louis de). — Histoire d'une Folie. 1 vol. in-12. 2 »
— Les Victimes du brevet. 1 vol. in-12. . . . . 3 »
Poli (Vte Oscar de). — Le Masque de fer. 1 vol. in-12 . . . 3 »
Rochay (J. de). — Adoptée. 1 vol in-12. . . . . 3 »
St-Hilaire. — Les Fiançailles de Gabrielle. 1 vol. in-12. 2 »
St-Martin. — La Mort d'un forçat 1 vol. in-12. . . . . . 2 »
— Le Drame du Marché-Noir. 1 vol. in-12. . . . . . . 2 »
Sandol (Jeanne). — Marthe. 1 vol. in-12. . . . . 2 »
— Le Roman d'un désenchanté. 1 vol in-12. . . . . 2 »
— La Fille du fermier. 1 vol. in-12. . . . . 2 »
Simond (Ch.). — L'Expiation. 1 vol. in-12. . . . . 3 »
Simons (A.). — Le Forestier. 1 vol. in-12. . . . . 2 »
Verrier (A.-J.). — Saint Vincent de Paul à Tunis, drame lyrique en 4 actes . . . . »
Walter Scott. — La Jolie Fille de Perth. 1 vol. in-12. . 2 »
— La Fiancée de Lammermoor. 1 vol. in-12. . . . . . . 2 »

POURQUOI L'ON TIENT

A LA VIE

A LA MÊME LIBRAIRIE

DERNIÈRES NOUVEAUTÉS

Antonin RONDELET. — **La Ressuscitée de Cologne.**
1 vol. in-12 . . . . 3 fr.

Paul VERDUN. — **L'Homme aux cent millions.** 1 vol.
in-12. . . . . 3 fr.

M. MARYAN. — **Primavera.** 1 vol. in-12 . . . . 2 fr.

M. MARYAN. — **Anne de Valmoët.** 1 vol. in-12. . . . 2 fr.

L. PALLIARD. — **Fais bien !** 1 vol. in-12 . . . . . 2 fr.

Raoul DE NAVERY et BERNARD DE LA ROCHE. — **Le
Roman d'un honnête homme.** 1 vol. in-12 . . . . 3 fr.

Pour recevoir chacun de ces ouvrages franco, il suffit d'en envoyer le prix en mandat-poste ou autre valeur à M. HENRI GAUTIER, éditeur, 55, quai des Grands-Augustins, à Paris.

IMP. GEORGES JACOB, — ORLÉANS.

SCÈNES DE LA VIE RUSSE

POURQUOI L'ON TIENT
A LA VIE

PAR

Le Cte Léon TOLSTOÏ

PARIS
LIBRAIRIE BLÉRIOT
HENRI GAUTIER SUCCESSEUR
55, QUAI DES GRANDS-AUGUSTINS, 55

Tous droits réservés.

POURQUOI L'ON TIENT A LA VIE

I

Un cordonnier était avec sa femme et ses enfants en loyer chez un paysan. Le pauvre artisan ne possédait rien ; il gagnait à la sueur de son front le pain de chaque jour. Le pain était dur, le travail peu payé, et ce qu'il en retirait avec beaucoup de peine ne faisait que passer de la main dans l'estomac. Lui et sa femme n'avaient qu'une seule fourrure pour tous deux ; elle était usée et en loques. Il y avait deux ans déjà que le cordonnier attendait de pouvoir acheter une peau de mouton pour en faire une nouvelle pelisse.

Quand on était à l'automne, il restait cependant quelque argent à la maison ; la femme du cordonnier gardait un billet de trois roubles dans sa cachette, et puis en additionnant les petits crédits faits de ci de là aux pratiques, cela présentait un total de cinq roubles vingt kopecks à ajouter aux billets.

Un matin, le cordonnier se disposa à se rendre au village afin d'acheter la peau de mouton depuis si longtemps désirée ; il endossa le mantelet ouaté de sa femme, passa par dessus son kaftan de drap, et, un bâton à la main, il se mit en route aussitôt après le déjeuner, non sans avoir soigneusement serré le billet de trois roubles dans sa poche. Tout en cheminant silencieusement, il refaisait son compte. « J'ai trois roubles, se disait-il ; avec les cinq que je vais recevoir, cela fait bien huit, et pour ce prix on peut avoir une peau de mouton fort convenable. »

A la première porte où il frappa, ce fut la femme qui vint ouvrir : son mari n'y était pas, elle promit qu'on payerait dans la huitaine ; en attendant le cordonnier ne reçut pas un kopeck,

Il s'en alla plus loin ; cette fois le maître du logis s'y trouvait, mais il jura ses grands dieux qu'il n'avait pas d'argent et donna vingt kopecks seulement.

Il vint alors à l'idée du cordonnier qu'il fallait acheter la peau à crédit. Mais le marchand auquel il s'adressa ne voulut pas l'entendre de cette oreille.

— Avec de jolis petits roubles, tu pourras choisir tout ce qui te fera plaisir ; mais pas d'argent, pas de marchandise. Ah ! nous serions bien refaits avec les crédits, nous savons ce qu'il en retourne.

Le pauvre cordonnier ne s'était guère attendu à ce qui lui arrivait. Vingt pauvres kopecks, le prix d'un mauvais rapiéçage, voilà tout ce qu'il remportait de sa tournée, avec une paire de vieux chaussons de feutre qu'un paysan lui avait donnés à regarnir.

Le chagrin et le souci lui rongeaient le cœur ; il entra au premier cabaret qu'il trouva sur sa route, y but pour ses vingt kopecks et reprit le chemin du logis. Il avait gelé ; notre homme était sans sa fourrure ; néanmoins, il se sentait une douce chaleur dans tout le corps ; l'eau-de-vie l'avait ragaillardi ; il faisait sonner son bâton sur le sol durci par le gel, tandis que de l'autre main il faisait exécuter aux vieilles bottes de feutre les mouvements les plus désordonnés. En même temps, il marmottait des paroles incohérentes en guise de consolation.

— J'ai bien chaud, disait-il, et cependant je ne porte pas de fourrure. Un quart d'eau-de-vie a fait l'affaire. Avec ça la chaleur vous circule dans toutes les veines et on peut fort bien se passer de fourrure; et puis ça vous allège le cœur! Me voilà maintenant un homme content. Pourquoi se chagriner? On ira bien son chemin sans fourrure. Mais ma femme, c'est elle qui va recommencer à me faire de la bile. Vraiment, n'est-ce pas agaçant? Je ne travaille que pour elle; elle me mène par le nez et je me laisse doucement faire. Mais attends! ma chère : il faut que les roubles sortent de leur cachette ; c'est moi qui les aurai, sinon, je t'arrache ta coiffe. Oh! je le ferai comme je le dis, va ! Quoi ! je n'ai reçu que vingt kopecks ! Que pouvais-je acheter avec cette somme? Boire un coup, et c'est tout. Elle est toujours à crier qu'elle a grand besoin de ceci, qu'elle a grand besoin de cela. Et moi, croit-elle que j'aie tout ce que je désire? Elle a la maison et le bétail, et toutes sortes de bonnes choses, tandis que moi, je suis là comme un pauvre diable qui doit pourvoir à tout. Elle ne manque pas de pain à la maison; mais qui le paie, si ce n'est moi? Et Dieu sait où il faut prendre tout cet argent: trois roubles par semaine pour le pain seulement. Quand j'arriverai, je les trouverai tous à manger du pain: rien que pour un rouble et demi sur la table! C'est pourquoi je veux qu'elle me donne ce qui m'appartient...

Ainsi discourant, le pauvre savetier arriva près d'une chapelle cachée dans l'une des sinuosités du chemin. Il lui sembla voir quelque chose de blanc remuer au pied de l'édifice. La nuit déjà tombée empêchait de rien distinguer à distance; il s'approcha pour mieux voir et demeura perplexe.

— Qu'est-ce donc? se demandait-il. Un bloc de pierre, peut-être? Mais il n'y en a point en ce lieu. Un animal? Cela ne lui ressemble guère.

Un homme plutôt ? Mais cette clarté et ces formes si vagues, ce serait étrange ! D'ailleurs, que ferait ici un homme à cette heure ?

Il se pencha tout près... Étrange chose, en vérité ! Oui, c'était bien un homme, mais un homme sans vêtements, sans linge, nu comme l'enfant qui vient de naître. Mort ou vivant, on n'aurait pu le dire ; son regard était fixe et il ne faisait aucun mouvement. La peur saisit le cordonnier, qui se dit en frissonnant :

— Sans doute que des brigands l'ont tué et laissé là après l'avoir dépouillé. Éloignons-nous : on est en danger toute sa vie quand on se mêle de ces sortes de choses.

Et, s'éloignant à la hâte, il tourna l'angle de la chapelle.

Maintenant la terrible apparition était hors de sa vue.

Quand il eut longé le mur, il ne put s'empêcher de se retourner : l'homme avait quitté sa place, il s'avançait en regardant comme s'il eût cherché quelque chose. Le pauvre savetier crut défaillir ; il s'arrêta en se disant, tout tremblant :

— Que faire ? Faut-il l'aborder ou détaler au plus vite ? Mon ami, prends garde ! L'aborder, il pourrait t'en arriver malheur. Qui sait s'il n'est point là pour quelque mauvais dessein ? Si tu l'approches et qu'il te tombe dessus, et qu'il t'étrangle en te laissant sur place... brrr... Et quand même il n'y aurait rien à craindre, que ferais-tu de lui ? Tu l'aurais sur les bras ; il est nu, il faudra le vêtir, te dépouiller de tes derniers vêtements pour l'en couvrir. Rien de ça, mon ami ! Allons-nous-en bien vite.

Et le cordonnier reprit précipitamment sa route. Toutefois, il avait fait quelques pas à peine qu'il s'arrêtait de nouveau. Une voix lui parlait de l'intérieur et le retenait sur place :

— Qu'est-ce donc, frère Sema ? Qu'allais-tu faire ? Cet homme se meurt de détresse, et tu trembles comme un enfant timide, et tu veux passer outre ! Aurais-tu peut-être trouvé un trésor et craindrais-tu qu'on ne te dérobât tes richesses ! Sema, Sema, c'est mal, ce que tu fais là !

Alors, revenant précipitamment sur ses pas, il marcha droit vers l'inconnu.

II.

En s'approchant, il vit un tout jeune homme, dont le corps, sain et robuste, ne portait aucune trace de violence ; seulement le malheureux était transi et paraissait angoissé ; il s'était rapproché du mur de l'église et s'y tenait appuyé, sans regarder Sema, comme à bout de forces, ne pouvant même lever les yeux.

Sema s'approcha plus près de lui ; alors l'inconnu se réveilla comme d'un rêve ; il leva la tête, ouvrit les yeux, et regarda Sema d'un regard qui alla droit au fond de son cœur.

Le savetier jeta ses chaussures, détacha sa ceinture de cuir, qui alla rejoindre ses bottes, puis il ôta son kaftan en disant :

— Suffit... je vois ce qu'il en est. Tiens, veux-tu essayer ceci ? Mais, d'abord, redresse-toi un peu.

Sema soutint l'inconnu de son bras et l'aida à se remettre debout.

Il avait un visage charmant, et son corps avait des formes fines et délicates ; les pieds et mains ne montraient aucune trace de callosité. Sema lui jeta le kaftan sur les épaules, et, comme l'inconnu n'arrivait pas à passer les manches, il lui prit la main et l'aida, puis il ferma le kaftan sur sa poitrine, ramena les basques l'une sur l'autre et serra la taille avec la ceinture de cuir. Puis il ôta sa vieille casquette pour en coiffer son frère malheureux, mais, à ce moment, il sentit un froid piquant sur sa tête découverte et il fit cette réflexion :

— Après tout, je suis chauve, tandis qu'une épaisse forêt de cheveux garantit sa tête.

Et il remit sa casquette.

— Chaussons-le plutôt, reprit-il.

Il le fit asseoir et lui passa les vieilles chaussures de feutre qu'il avait aux pieds. Après l'avoir ainsi vêtu, il lui dit d'un ton cordial :

— C'est bien, frère. Maintenant, un peu de mouvement pour te réchauffer. Avec cela, on se tire d'affaire. Peux-tu marcher ?

L'étranger ne répondit pas ; immobile, il regardait Sema, les yeux pleins d'affection et de reconnaissance.

— Tu ne réponds pas ? Voudrais-tu passer l'hiver ici peut-être ? Viens nous mettre à l'abri. Tiens, voici mon bâton, frère, appuie-toi dessus et essaie de marcher.

L'homme se mit à marcher. Il allait sans difficulté, sans rester en arrière, côte à côte avec Sema, qui commença à le questionner.

— Dis-moi, frère, d'où viens-tu ?

— Je ne suis pas d'ici.

— En effet, tous les gens du pays me sont connus. Mais qu'est-ce qui t'amène ici ? Que faisais-tu près de la chapelle ?

— Je ne dois pas le dire.

— Des méchants t'ont maltraité, sans doute ?

— Aucun homme ne m'a fait de mal. C'est Dieu qui me punit.

— C'est vrai. Tout se fait de par sa volonté. Cependant, tu as un but, sans doute ; où vas-tu ?

— Tous les chemins me sont indifférents.

Sema s'étonnait. Son compagnon n'avait pas

l'air d'un vagabond ni d'un mauvais sujet; il parlait avec une grande douceur. Pourquoi refusait-il de s'expliquer ? « Mon Dieu ! pensait le savetier, il y a bien des choses qu'on ignore en ce monde. »

Il reprit :

— Eh bien ! viens-t'en chez moi, tu y auras au moins un moment de repos.

Le cordonnier suivait d'un pas allègre le chemin de sa demeure et l'étranger le suivait.

En ce moment, le vent s'engouffra sous la chemise nue de Sema ; la chaleur de l'ivresse était éteinte, il sentit douloureusement le souffle glacé. Tout frissonnant, il hâta le pas, en étirant sans pitié le mantelet de sa femme pour en couvrir sa poitrine. Il pensait tristement :

— Je suis sorti, ce matin, pour acheter une pelisse en peau de mouton, et je rentre sans un habit, amenant un homme nu par-dessus le marché. C'est ça qui ne va pas contenter Matréma !

En prononçant le nom de sa femme, le pauvre homme eut un serrement de cœur. Il jeta à la dérobée un regard sur son protégé ; en voyant cette figure si douce telle qu'elle lui apparut près de la chapelle, la joie et la sérénité revinrent dans son cœur.

III

La femme de Sema avait achevé de bonne heure son travail quotidien. L'eau, le lait, étaient prêts pour le lendemain ; les enfants avaient eu leur repas du soir, elle-même venait de manger, et, maintenant, elle tenait conseil avec elle-même, fort embarrassée de décider s'il fallait faire ce jour-là encore une nouvelle cuisson de pain.

— Sema peut avoir dîné en route, se disait-elle ; dans ce cas, il ne prendra rien ce soir, et il reste assez de pain pour demain.

Elle tourna et retourna vingt fois le morceau qui restait ; elle prit enfin un parti :

— Voyons, décida-t-elle, il n'y a plus de farine que pour une fois, et il faut que nous allions avec cela jusqu'à vendredi.

Le pain soigneusement serré, Matréma prit

son aiguille et se mit à rapiécer une chemise de son mari. Tandis que sa main se pressait, Matréma était en pensée avec son Sema, achetant la peau de mouton dont on ferait la fameuse pelisse.

— Mon Dieu, pourvu qu'il ne se laisse pas tromper, disait-elle en tirant nerveusement son aiguille. Le pauvre homme est sans malice aucune, un petit enfant le mènerait par le nez, et lui ne saurait même pas faire tort d'un cheveu. Certes, huit roubles d'argent ne sont pas une petite somme ; avec cela on a une riche pelisse, sans garnitures il est vrai, mais enfin une pelisse. Avons-nous assez souffert, l'hiver passé, sans pelisse ! Je ne pouvais aller nulle part, pas même jusqu'au ruisseau. Et il a tout pris en partant, tout, je n'ai plus rien de chaud à me mettre sur le corps. Il est parti de bonne heure ; que fait-il pour ne pas encore être rentré ? Ah ça ! mon petit trésor se serait-il peut-être arrêté au cabaret ?

Elle achevait son petit monologue quand des pas résonnèrent tout à coup sur l'escalier.

Matréma posa son ouvrage et se leva en hâte.

A sa grande surprise, elle voit que deux hommes sont entrés : l'un est son mari, l'autre une façon de paysan, en hautes bottes de feutre, sans bonnet, en somme, un singulier compère.

L'odorat de Matréma avait deviné aussitôt le parfum de l'eau-de-vie.

— Grand Dieu! pensa-t-elle, quelque chose me l'avait bien dit, mon homme a bu.

Mais quand elle vit qu'il était sans kaftan, à peine vêtu du vieux mantelet, et qu'il se tenait là comme un coupable, sans rien dire, sans savoir où regarder, elle crut sentir son cœur se briser.

— Il s'est enivré, dit-elle avec une douloureuse amertume, il a bu notre pauvre argent avec cet ivrogne et voilà qu'il l'amène encore ici.

Les deux hommes entrèrent dans la chambre. Matréma les suivit, tout entière à dévisager l'inconnu. Elle remarque qu'il est fort jeune, qu'il a le teint hâve, le maintien timide et qu'il porte son propre kaftan, sur sa peau encore! Pas trace de chemise, pas plus que de coiffure! Il est entré et est resté fixé sur place, ne bougeant plus, n'osant lever les yeux.

— Ce ne peut être un homme de bien, se dit Matréma... Il me fait peur!

Elle recula et se colla au poêle, attendant, l'air mauvais, ce qui allait advenir.

Sema ôta sa casquette de cuir, s'assit sur le banc. Tout préoccupé d'héberger son hôte, il demanda à Matréma :

— Eh bien! petite femme, qu'est-ce que tu donnes à souper?

La ménagère, changée en statue devant son poêle, marmotta quelque chose entre ses dents. Elle regardait alternativement les deux hommes et secouait la tête de l'air le plus mécontent.

Sema fit comme s'il ne voyait rien, et, prenant la main de l'étranger, il lui dit d'un ton affectueux :

— Assieds-toi, frère, et prenons un morceau ensemble.

L'étranger s'assit timidement aux côtés de Sema.

Celui-ci reprit :

— Dis, petite femme, ne te reste-t-il rien de ta cuisine?

Alors Matréma éclata :

— Bien sûr qu'il me reste quelque chose : mais te le donner ! Ah ! non, certes. Un homme qui a bu à ne plus savoir où est sa tête, qui s'en est allé pour acheter une pelisse et qui revient sans kaftan, amenant un vagabond chez lui ! Non, certes, je ne donnerai pas à souper à des fainéants et à des ivrognes de votre espèce.

— Cesse ton caquet, stupide femme, ta langue va trop vite. Tu devrais t'informer d'abord...

— D'abord je veux savoir ce que tu as fait de notre argent.

Sema porta la main à sa poche et en retira le billet de trois roubles, qu'il tendit à sa femme.

— Voilà, dit-il. Trifouan ne m'a rien donné ; il m'a promis de payer demain.

Ces mots, loin de calmer la terrible femme, provoquèrent une nouvelle explosion de colère.

— Point de pelisse ! Mon kaftan sur le corps d'un va-nu-pieds ! Un vagabond au logis ! cria-t-elle en saisissant furieusement les billets, qu'elle serra aussitôt en lieu sûr, sa langue allant toujours. Non, il n'y a rien ici pour vous. J'aurais bien à faire s'il me fallait nourrir les ivrognes, les amis de cabaret.

— Matréma ! tiens ta langue, femme stupide, et écoute ce que j'ai à te dire.

— Ce que tu as à me dire ! Voyez-vous ce grand nigaud qui voudrait m'apprendre quelque chose ! Ah ! je ne me trompais pas quand je ne voulais pas de toi pour mari. Tout le beau linge que j'ai reçu de ma mère, tu l'as vendu pour boire, et, aujourd'hui encore, tu vas au cabaret, au lieu d'acheter la pelisse.

Sema veut expliquer qu'il n'a bu que les vingt kopecks, il commence le récit de sa rencontre avec l'étranger ; mais Matréma l'interrompt coups sur coups et parle seule. Où prend-elle tout ce qu'elle dit ? Dieu, quel flux de paroles ! un mot n'attend pas l'autre. Sa mémoire rappelle des faits écoulés depuis dix ans ; elle s'excite toujours plus, elle jette les hauts cris et tombe enfin sur son mari, qu'elle saisit violemment par le bras.

— Et mon mantelet, le seul bon que j'aie, il te le fallait aussi. Rends-le-moi, ivrogne, et bien vite, ou gare le bâton !

Sema, sans répondre, se met en devoir d'obéir; il ôte l'une des manches du mantelet; sa femme tire violemment l'autre en faisant craquer toutes les coutures, puis se précipite vers la porte, avec le dessein de s'enfuir; mais, soudain, elle s'arrête, une voix vient de parler en elle, lui disant de rentrer et de s'informer d'abord de ce qu'est l'étranger.

IV

— Si c'était un homme de bien, dit-elle à Sema, il ne se promènerait pas tout nu, sans même avoir une chemise sur le corps; s'il était là pour quelque bonne action, il y a longtemps que tu m'aurais dit où tu l'as rencontré.

— Mais je ne demande qu'à le dire. Je suivais tranquillement ma route; devant la chapelle, je vois cet homme couché au pied du mur; il était nu comme l'enfant qui vient de naître; le froid l'avait déjà roidi, car, par le temps qu'il fait, il n'est pas agréable d'être dehors sans un vêtement sur le dos. C'est Dieu qui m'a conduit vers lui, car, sans moi, il ne serait déjà plus en vie! Que fallait-il faire? On ne sait ce qui peut arriver en ce monde. Je n'hésitai pas : je partageai nos habits avec lui, et lui dis de venir avec moi.

Ainsi donc, maîtresse, apaise ton cœur sauvage, et prends garde de pécher; rappelle-toi qu'il nous faudra mourir.

L'esprit du mal dominait encore Matréma ; elle jeta sur l'étranger un regard soupçonneux, et demeura silencieuse. Quant à l'hôte inconnu, il restait sans bouger, assis à peine sur le bord du banc, les mains jointes sur les genoux, la tête inclinée sur la poitrine et les yeux constamment fermés. Son front était voilé d'une sombre mélancolie, et sa respiration paraissait oppressée. Matréma ne parlait plus. Sema l'interpella de nouveau :

— Matréma ! Dieu t'aurait-il donc abandonnée ?

Cet appel vibra étrangement à l'oreille de Matréma, qui jeta un nouveau regard sur l'étranger, et elle sentit aussitôt son cœur s'alléger d'un poids immense. Quittant la porte, elle s'approcha vivement du poêle, et en tira le repas du soir; elle le plaça devant les deux hommes, elle apporta aussi la cruche de kwass, qu'elle posa sur la table après l'avoir remplie jusqu'au bord ; elle mit aussi le dernier morceau de pain et, d'une voix apaisée, dit à ses hôtes en posant les couteaux et les cuillers devant eux :

— Eh bien ! donc, mangez, voilà tout ce que je puis vous offrir.

— Allons, mon jeune ami, régale-toi, dit à son tour Sema, après avoir coupé une tranche de pain et trempé la soupe.

Et les cuillers d'aller et venir à la gamelle commune. Matréma, accoudée à l'un des angles de la table, ne détachait pas ses yeux de l'étranger, et son cœur s'émut. Alors les traits de l'inconnu s'illuminèrent d'un rayon de joie, la sérénité revint sur son front ; et levant les yeux sur Matréma, il eut un sourire plein de douceur.

Le repas fini et la table desservie, Matréma questionna l'étranger.

— Qui es-tu ? commença-t-elle.

— On ne me connaît pas ici.

— Mais comment t'es-tu trouvé sur le chemin de notre village ?

— Je ne dois rien dire.

— Qui donc t'a dépouillé ainsi ?

— Dieu me punit.

— C'est donc vrai, tu étais tout nu devant la chapelle ?

— Oui, c'est vrai. Il gelait, le froid m'avait déjà engourdi. Alors Sema m'a vu et il a eu pitié de moi. Il a ôté son kaftan pour m'en couvrir. Et comme Semà, tu as eu pitié de ma détresse, et m'as donné de quoi apaiser ma soif et ma faim. Que Dieu vous donne en récompense la félicité éternelle !

Matréma prit la chemise qu'elle venait de rapécier, ainsi qu'un vieux pantalon, les donna à l'étranger en disant :

— Tiens, frère, mets cela ; tu ne peux pas rester sans chemise. Maintenant choisis l'endroit qui te conviendra pour la nuit. Tu peux prendre la soupente ou le coin du poêle.

L'étranger se coucha sur la soupente, après avoir rendu le kaftan. Matréma, de son côté, souffla la lumière et se coucha auprès de son mari, en se couvrant pauvrement de la moitié du kaftan. La pensée de l'hôte mystérieux ne la laissait point dormir ; elle se disait que le dernier pain était mangé, qu'il n'y en avait pas pour le lendemain, qu'elle avait donné jusqu'à la chemise de son mr. i, et son cœur se contractait douloureusement ; mais alors elle revoyait le sourire si doux et si affectueux qui avait répondu à ses bienfaits, et aussitôt la joie remplaçait l'amertume. Elle resta longtemps ainsi éveillée, s'apercevant bien que Sema ne dormait pas non plus, car il tiraillait le kaftan et le mettait tout entier sur lui.

— Sema ! dit-elle.

— Quoi donc ?

— Notre dernier reste de pain est mangé. Je n'en ai pas mis d'autre au four. Qu'allons-nous faire demain ? Faudra-t-il aller en emprunter chez Malouja, la voisine ?

— Pourvu que nous ayons la vie, nous trouverons bien de quoi manger.

Cette réponse fit taire Matréma, qui, cependant, reprit un moment après :

— On voit que cet homme n'est pas un méchant. Mais pourquoi ne veut-il pas se faire connaître ?

— Eh ! mais, parce qu'on le lui a défendu, sans doute.

— Écoute donc, Sema.

— Quoi encore ?

— Nous autres, nous sommes toujours prêts à donner... pourquoi personne ne nous donne-t-il jamais rien ?

Sema ne savait trop que répondre. Il grogna, et d'un ton brusque :

— Assez bavardé comme cela. Dormons !

Et se tournant de l'autre côté, il s'endormit d'un profond sommeil.

V

Il se réveilla le lendemain plus tard que de coutume. Les enfants dormaient encore.

Matréma était allée faire son petit emprunt chez la voisine. L'étranger était déjà assis sur le banc, vêtu des vieilles chausses et de la chemise rapiécée. Une calme sérénité rayonnait sur ses traits, et son regard s'élevait au ciel.

Sema lui dit en l'abordant :

— Frère, causons un peu. On ne peut vivre sans manger et sans boire, et le corps doit être vêtu. L'homme doit gagner son pain. Sais-tu travailler ?

— Je ne sais rien.

Sema fit un soubresaut; mais se remettant aussitôt :

— Bien, dit-il. Il suffit que tu prennes le goût du travail. L'homme peut tout apprendre.

— Je travaillerai comme vous.

— Comment faut-il t'appeler ?

— Michel.

— Suffit. Je ne te demande pas autre chose, puisque tu ne peux rien dire de plus. Eh bien ! mon cher Michel, applique-toi, et sous ma direction, tu ne manqueras de rien ici.

— Dieu te bénisse ! Maintenant parle et j'obéis.

Le cordonnier prit alors un peloton de ligneul et se mit à tordre le fil entre ses doigts.

— Regarde, dit-il, ce n'est pas difficile.

Michel mettait toute son attention ; puis essayant à son tour, il réussit cette première épreuve avec un plein succès.

Sema continua graduellement à l'initier à tous les secrets du métier. L'apprenti montrait de l'habileté et de l'intelligence, et ne donnait que de la satisfaction à son maître.

L'ouvrage, si difficile qu'il fût, sortait de ses mains propre et bien fait ; le troisième jour Michel travaillait comme un ouvrier ; on eût dit qu'il n'avait fait que cela toute sa vie. Il ne perdait pas une minute, mangeait avec modération et ne sortait jamais. Quand il avait des moments de loisir, il restait silencieux, les yeux constamment fixés au ciel; aucun mot inutile ne sortait de sa bouche. Il ne riait jamais; on ne l'avait vu sourire que le soir de son arrivée, quand Matréma lui avait servi à souper.

VI

Les choses allant ainsi jour après jour, semaine après semaine, une année fut bientôt écoulée. Maitre Sema avait maintenant un habile ouvrier connu pour travailler mieux que tout autre ; et les pratiques affluaient dans la pauvre demeure du savetier.

Un jour, au cœur de l'hiver, un traîneau attelé de trois chevaux fringants s'arrêta devant la maison. Sema et son compagnon interrompirent leur travail et se penchèrent vers la fenêtre.

Un brillant laquais sauta prestement du siège et ouvrit la portière. Il en sortit un personnage d'allure distinguée, tout hérissé de fourrure, qui se dirigea droit vers l'escalier.

Matréma s'était précipité pour ouvrir la porte.

Le personnage s'inclina sous le linteau trop bas et entra dans la chambre. Il avait la taille plus qu'ordinaire, et peu s'en fallut qu'il ne heurtât le plafond en se redressant. Son grand air contrastait avec la modeste pièce, qui semblait trop petite pour lui.

Sema s'était levé à la hâte, et fit un profond salut, tout confus en présence de ce grand seigneur ; jamais si grand personnage n'était entré sous son toit. Quel contraste !

D'un côté Sema, le teint hâle, le visage couvert de rides ; Michel, avec sa douce figure pâlie de maigreur ; Matréma, dont la peau ridée s'étirait sur les os ; de l'autre, un colosse au visage plantureux, tout veiné de sang, avec une encolure de taureau, un être en un mot qui semblait d'un autre monde.

Le personnage respira bruyamment, ôta sa fourrure et demanda après s'être assis :

— Qui est le maître ici ?

— C'est moi, Votre Seigneurie, répondit Sema en s'avançant.

Le gentilhomme se tourna vers son laquais et lui dit :

— Fedka, va chercher le rouleau de cuir.

Le laquais s'empressa et revint bientôt avec un rouleau, qu'il remit à son maître. Celui-ci le posa sur la table.

— Ouvre-le, ordonna-t-il de nouveau.

Quand ce fut fait, le gentilhomme, appuyant l'index sur le cuir, interpella Sema :

— Maintenant, écoute, cordonnier et maître en chaussures, tu vois ce cuir ?

— Je le vois, Seigneurie, balbutia Sema.

— Tu le vois, mais sais-tu ce que c'est que cette marchandise-là ?

Sema palpa le cuir et dit :

— La marchandise est belle.

— Belle ! je te crois, parbleu ! si belle que de sa vie un savetier comme toi n'en a vu de pareille. Sais-tu que c'est du cuir allemand et que ça me coûte vingt roubles ?

Sema balbutia :

— Où verrait-on ici quelque chose de pareil ?

— Je me le demande aussi. Maintenant, écoute-moi bien. Je veux que de ce cuir on me fasse une paire de bottes, mais il me faut un chef-d'œuvre. Te chargeras-tu de ce travail ?

— Je m'en chargerai, Votre Seigneurie.

Le gentilhomme apostropha violemment Sema :

— Tu t'en chargeras, c'est bientôt dit. Mais sais-tu pour qui tu travailles? et cette marchandise, en connais-tu le prix? Je veux des bottes qui puissent se porter une année, sans torsion ni trace d'usure, ni accroc d'aucune sorte. Si tu es de force, taille dans mon précieux rouleau, je te le confie; mais si tu n'es pas sûr de toi, ne te charge pas du travail, car, je t'en préviens, à la moindre avarie, ou déchirure qui se produirait dans le délai de l'année, je te ferai jeter en prison sans pitié. Si, au contraire, l'ouvrage me satisfait, un rouble d'argent sera ta récompense.

Sema avait perdu toute assurance. Il n'osait répondre et interrogeait du regard le compagnon Michel. Comme celui-ci restait indifférent, Sema le poussa du coude en disant tout bas : « Faut-il accepter ? »

Michel fit un mouvement de la tête qui signifiait : « Prends ce travail, tu peux le faire. »

Sur ce conseil Sema accepta et promit des bottes qui resteraient intactes pendant un an.

Après quoi, le gentilhomme, appelant son laquais, se fit déchausser du pied gauche et tendit la jambe pour que l'artisan prît mesure.

Sema prit des bandelettes de papier et les rassembla en les cousant bout à bout ; cela lui fit une mesure d'environ dix werschok, qu'il lissa soigneusement de sa main ; puis, mettant un genou en terre, il commença l'opération, mais en s'essuyant tout d'abord les mains à son tablier, de peur de souiller les bas du gentilhomme. Il mesura la plante, puis le coup de pied. Le mollet était un véritable pilier : la bandelette se trouva trop courte pour en faire le tour.

— Prends garde de me faire des tiges trop étroites, intervint le gentilhomme.

Sema s'empressa de coudre une nouvelle bandelette, pendant que l'étranger, assis avec nonchalance, dévisageait les hôtes de la petite chambre. Ses yeux tombant sur Michel :

— Qui est celui-ci? Un apprenti sans doute.

— Que Votre Seigneurie daigne m'excuser ; ce jeune homme est déjà un maître, c'est lui qui fera les bottes de Votre Seigneurie.

— Prends-y garde, jeune homme. Tu m'as

entendu, je veux des bottes qui restent neuves une année entière.

Sema s'était interrompu pour se tourner aussi vers Michel, mais celui-ci s'occupait de tout autre chose que du gentilhomme ; il regardait avec une persistance singulière vers l'angle de la chambre, il regardait, regardait, et soudain un sourire illumina son visage, qui parut transfiguré.

— Que veut dire cela, sot étourneau ? exclama l'étranger. Qu'as-tu donc à ricaner ? Songe plutôt à finir mes bottes à temps et à soigner l'ouvrage que tu vas entreprendre.

— Elles seront prêtes à l'heure où on les demandera, répondit simplement Michel.

— C'est ainsi que je l'ordonne.

Le gentilhomme se fit rechausser, s'ensevelit dans sa fourrure et se dirigea vers la porte ; en passant, il oublia de se baisser et sa tête heurta violemment contre le linteau de la porte. Le noble personnage tempêta et sacra de la belle façon tout en se frottant le front, et en courant à son traîneau, qui partit aussitôt au galop.

La corvée avait été rude ; Sema poussa un soupir de soulagement.

— Quel homme de fer ! dit-il ; un maillet ne l'abattrait pas ; sa tête a fait trembler le plafond et il paraît l'avoir senti à peine.

Matréma plaça aussi son mot :

— Des gens qui ont tout ce qu'ils veulent, rien d'étonnant qu'ils soient frais et robustes. Mais n'importe, la mort les brisera comme les autres.

VII

Après un moment, Sema dit à Michel :

— Nous avons l'ouvrage, c'est bien. Pourvu qu'il ne nous arrive pas malheur. Le cuir est hors de prix, le seigneur est un homme rude. Un accroc est bientôt fait. A toi de montrer ce que tu peux faire. Tu as l'œil plus sûr que moi, tes mains sont plus habiles que les miennes, je je te laisse découper le cuir, mais je coudrai les pièces.

Sans répondre, Michel étendit le précieux rouleau sur la table, et, les ciseaux en mains, il se mit à tailler.

Pendant que Sema s'éloignait, sa femme s'avança curieuse de voir l'opération ; elle savait, du reste, comment on taillait dans le cuir ; mais cette fois elle ne put croire ses yeux. Contre toutes les règles, Michel taillait la pièce en une série de rondelles. Elle en fut toute bouleversée ; toutefois elle se tut, de peur de se mêler d'une chose qu'elle ne connaissait pas.

L'ouvrier se mit ensuite à coudre les pièces, mais, toujours contrairement à l'usage, il semblait faire des souliers destinés à être portés à nu, comme ceux qu'on met aux morts. Matréma s'étonnait de plus en plus, et Michel cousait imperturbable. L'après-midi se passa ; quand Sema revint, le cuir de Sa Seigneurie était transformé en une paire de souliers de mort.

Le pauvre homme joignit les mains.

— Grand Dieu ! s'écria-t-il, depuis un an qu'il est chez moi, ce jeune homme n'a jamais fait la moindre bévue : faut-il que tout d'un coup il me cause un si grand dommage ! Des souliers mous, au lieu des grandes bottes commandées ! Et le cuir précieux abimé, perdu ! Où en retrouver de pareil maintenant ? Et que vais-je dire au gentilhomme ? Qu'as-tu donc pensé, Michel, mon pauvre ami ? C'est un poignard que tu me plonges dans le sein. On te commande des bottes et tu...

Il allait éclater de colère, mais des coups redoublés ébranlèrent la porte. Tous se penchèrent vers la fenêtre. Un cavalier venait de descendre devant la maison ; il attachait son cheval.

On courut au-devant lui et l'on reconnut le laquais du seigneur.

— Bonjour, dit-il.

— Bonjour, que pouvons-nous faire pour votre service ?

— Je viens de la part de ma gracieuse maîtresse. C'est au sujet des bottes.

— De quoi s'agit il ?

— Mon maître n'en a plus besoin, il n'est plus de ce monde.

— Que dis-tu là ?

— L'exacte vérité. En vous quittant, il ne devait pas rentrer vivant chez lui, la mort l'a surpris en route. Quand nous arrivâmes au château, j'ouvris la portière, mais il ne bougea pas plus qu'un bloc ; sa figure était pâle, le corps roide, il était mort. Dieu ! que de peine nous avons eu à le tirer du traîneau ! C'est pourquoi ma gracieuse maîtresse m'envoie vers toi avec cet ordre : « Va dire au cordonnier que ton maître n'a plus besoin des bottes qu'il a commandées, qu'il est passé dans l'éternité, et que du précieux cuir, il fasse une paire de souliers à nu dont on chaussera les pieds du défunt ; tu pourras attendre et rapporter les souliers. Va et hâte-toi. »

Alors Michel rassembla les rognures de cuir, aplatit l'un sur l'autre les deux souliers de mort, après leur avoir donné un dernier coup du coin de son tablier ; puis faisant un paquet du tout, il le tendit au messager, qui partit en disant :

— Adieu ! braves gens ! Bien de la chance !

VIII

Une nouvelle année s'écoula, puis une autre, puis une autre encore ; on arriva à la neuvième année du séjour de Michel chez Sema le cordonnier. Les choses continuaient d'aller leur train ordinaire. L'habile ouvrier travaillait sans relâche, ne quittait jamais l'échoppe ; jamais une parole inutile ne sortait de sa bouche. On ne l'avait vu rire que deux fois : la première, lorsque Matréma lui avait servi à souper ; la deuxième fois, quand le gentilhomme avait commandé ses bottes.

Sema n'était jamais revenu sur la question de son origine ; il ne craignait qu'une chose : qu'un jour où l'autre Michel le quittât..

Un jour, toute la famille était dans la petite chambre, la ménagère mettait ses pots au feu ; les enfants jouaient sur les bancs, jetant parfois un regard curieux dans la rue ; Sema et Michel, assis chacun devant sa fenêtre, étaient occupés à battre une paire de talons. Un des petits garçons vient en courant sur le banc où était assis Michel; et s'appuyant sur les épaules de celui-ci, il s'écria en regardant dans la rue :

— Oncle Michel, vois un peu, la femme du marchand qui vient aussi chez nous ; elle a deux petites filles ; regarde comme il y en a une qui boite.

A peine ces mots eurent-ils frappé son oreille, que Michel, laissant son travail, se pencha vivement vers la fenêtre et dirigea sur la rue un regard d'une étrange fixité.

Sema s'étonnait. Jamais son ouvrier ne s'était inquiété de ce qui se passait au dehors et voilà que tout d'un coup il semblait comme magnétisé.

Sema regarda à son tour et vit, en effet, qu'une femme s'approchait en donnant la main à deux petites filles ; la dame était fort bien mise et les deux enfants, vêtues l'une comme l'autre d'une mante fourrée avec un fichu clair autour du cou, se ressemblaient si fort

3.

qu'on ne les eût pas distinguées sans l'infirmité de l'une d'elles.

La dame monta l'escalier et entra dans la chambre précédée des deux enfants.

— Bonjour, braves gens, dit-elle en saluant.

— Votre serviteur, Madame. Entrez, je vous prie, répondit Sema.

La dame s'assit devant la table pendant que les deux petites filles se pressaient contre elle, un peu effarouchées au milieu de ces visages inconnus.

— Je voudrais faire faire une paire de souliers à mes enfants pour le nouvel an, commença-t-elle.

— C'est bien facile, Madame. Il est vrai que nous n'avons pas encore chaussé de si petits pieds, mais voilà mon ouvrier, qui est très adroit et réussira parfaitement..

Et Sema se retourna vers Michel, étonné de voir que celui-ci n'avait pas repris son ouvrage et regardait attentivement les deux fillettes.

Celles-ci étaient de charmantes enfants, sans doute ; elles avaient les yeux noirs, les joues pleines et roses, et puis leurs fourrures et leurs fichus leur allaient si bien ; mais tout cela n'expliquait pas l'attitude de Michel, qui les regardait comme s'il eût vu en elles la réalisation d'un rêve.

Sema garda ses réflexions pour lui et continua de s'entretenir avec la dame. On convint du prix, après quoi maitre Sema chercha ses bandelettes de papier et se mit à les ajuster pour prendre les mesures. La dame plaça alors sur ses genoux l'enfant qui était boiteuse et dit à Sema :

— Pour celle-ci, il faudra prendre deux mesures et faire un soulier pour le pied qui est tourné et trois pour l'autre. D'ailleurs, l'une et l'autre ont le même pied, elles sont jumelles.

Quand Sema en fut au pied perclus, il demanda :

— D'où lui vient cette infirmité ? Une si charmante enfant ! C'est de naissance peut-être ?

— Pas précisément. C'est sa mère qui lui a déformé le pied en lui donnant le jour.

La curieuse Matréma s'avança :

— Ainsi tu n'es donc pas leur mère ! dit-elle fort étonnée.

— Ni leur mère, ni leur parente, ma brave

femme; il n'y a entre elles et moi aucun lien du sang; ce sont mes enfants d'adoption.

— Tu n'es pas leur mère, et cependant tu as pour elles tant d'affection et de soins?

— Comment ne les aimerais-je pas? C'est mon sein qui les a nourries. J'avais un enfant aussi, Dieu me l'a repris; mais ma tendresse n'était pas plus grande pour lui que pour celles-ci.

— Mais à qui étaient ces enfants?

IX

La conversation s'étant engagée entre les deux femmes, la mère d'adoption fit le récit suivant :

— « Il y a six ans, jour pour jour, que l'événement eut lieu.

« Ces deux pauvres petites perdirent leur père et leur mère dans la même semaine. J'habitais alors au village avec mon mari, et nous connaissions beaucoup les parents de ces fillettes. Leur père était un peu misanthrope ; il travaillait dans les bois ; un jour, un arbre qu'il abattait tomba à faux et lui brisa la tête. Il expira pendant qu'on le rapportait chez lui. Trois jours après, sa femme mettait ces deux petites au monde. Elle était seule chez elle avec son chagrin et sa misère. Ne pouvant faire chercher de secours, elle accoucha seule et en mourut. Quand, le lendemain, j'allai la voir, elle était déjà roide et glacée. Dans les convulsions de l'agonie, la pauvre mère s'était abattue sur l'une des pauvres petites, et lui avait écrasé le pied ; l'enfant en resta estropiée.

« Je courus appeler les voisins ; on s'empressa autour de la morte, on lui lava le corps, on l'habilla, puis on commanda le cercueil ; les voisins étaient tous de braves gens, on y pourvut à frais communs.

« Mais que faire des nouveau-nés ? Comme j'étais la seule qui eût un nourrisson, — mon unique, il avait huit semaines, — c'était à moi d'en prendre soin. Les voisins, après s'être consultés, me dirent :

— « Maria, garde les deux petits êtres en
« attendant qu'on voie ce qu'il faudra faire. »

« Je soignai premièrement l'enfant bien portant ; l'autre semblait devoir mourir aussi, et je voulais l'abandonner. Pourtant mon cœur me disait en silence : Pourquoi ce petit ange ne vivrait-il pas aussi ? La pitié me saisit, je mis l'enfant chétif au sein, il vécut, et j'eus ainsi trois enfants à nourrir. J'étais jeune et robuste, je ne manquais de rien, et le bon Dieu fit abonder le lait dans ma poitrine. Pendant que j'en allaitais deux, le troisième attendait son tour. Alors Dieu m'envoya une terrible épreuve. Pendant que j'élevais les enfants d'une autre, il jugea bon de me reprendre le mien. Il avait deux ans, et je n'en ai pas eu d'autre depuis. Sauf ce chagrin, tout prospérait à la maison. Nous sommes venus depuis nous établir près d'ici, nous dirigeons un moulin pour le compte d'un autre, nous gagnons un bon salaire et nous menons une vie aisée. N'ayant plus d'enfant à nous, quelle existence serait la nôtre, sans ces deux petits chérubins ! Dieu ! comment ne les aimerais-je pas, ces amours ? C'est toute ma vie. »

Et la bonne femme, que l'émotion gagnait, pressa avec passion la petite infirme contre son cœur, en essuyant, de la main restée libre, les larmes qui perlaient à ses yeux.

Matréma soupira, toute pensive, et ajouta :

— Le proverbe dit vrai : « Père et mère ne sont rien, quand c'est la volonté de Dieu ! »

Les deux femmes causaient encore, lorsque

soudain la petite chambre s'emplit d'une brillante clarté. Elles se regardèrent surprises. Le rayonnement venait du côté de Michel. Lui-même était comme transfiguré ; les mains jointes sur les genoux, il regardait le ciel et souriait.

X

La dame s'était retirée, emmenant les deux petites filles. Michel, debout, avait posé son ouvrage. Il ôta son tablier, puis, s'inclinant profondément, il dit à ses hôtes :

— Mes chers bienfaiteurs, maintenant laissez-moi aller en paix. Dieu m'a pardonné, vous pardonnerez aussi.

Et toute sa personne rayonnait d'un éclat de plus en plus grand aux yeux de ses hôtes effrayés.

Sema répondit en s'inclinant, saisi d'une vénération profonde :

— Michel, je vois que tu es un être à part, je ne puis donc pas te retenir. Je n'ose pas non plus te demander de me révéler ce qui est un mystère. Mais ne pourrais-tu pas m'expliquer une chose? Pourquoi, lorsque je t'ai amené ici, ton visage si triste s'est-il éclairé soudain quand ma femme a dressé la table du souper? Pourquoi avais-tu un sourire si rayonnant quand le gentilhomme était assis à cette place? Et pourquoi, enfin, ce troisième sourire et cet éclat merveilleux en présence de la dame et des petites filles qui sortent d'ici? Michel, dis-nous ce qu'est cette auréole qui t'environne et pourquoi tu as souri trois fois?

— Dieu m'a pardonné, ma pénitence est finie; c'est pourquoi mon corps a repris sa splendeur. Chacun de mes sourires était un sourire de joie, parce que j'entendais chaque fois une parole de Dieu, et qu'à la troisième ma pénitence devait finir. Quand la pitié s'éveilla dans le cœur de ta femme en présence de ma détresse, ce fut la première parole, et tu vis mon premier sourire. Quand le gentilhomme commanda des bottes qu'il ne devait jamais porter, j'entendis la seconde parole et je souris encore. Enfin les deux petites jumelles m'ont fait entendre la troisième et dernière parole, et j'ai souri pour la troisième fois.

Sema reprit :

— Dis-nous, Michel, quelles sont ces paroles et pourquoi Dieu t'a-t-il puni?

— Dieu m'a puni parce que je n'ai pas fait sa volonté. Il m'avait fait un ange du ciel et je me suis révolté contre lui. Oui, j'étais un ange, et Dieu m'envoya sur la terre pour recueillir l'âme d'une femme. J'y trouvai une malheureuse créature dans une détresse affreuse, donnant le jour à deux enfants jumeaux, deux petites filles. Les deux pauvres petits êtres cherchaient le sein de leur mère, et celle-ci n'avait plus la force de les prendre dans ses bras. Alors elle me vit à ses côtés et tressaillit en pressentant pourquoi Dieu m'envoyait.

« — Ange de Dieu, me dit-elle en versant des larmes amères, on vient de porter mon mari en terre, un arbre l'a tué dans sa chute, je n'ai ni mère, ni sœur, personne; qui donc prendra soin de mes pauvres petits? Aie pitié, laisse-moi, je t'en supplie, que je puisse du moins les nourrir. Que feraient-ils sans père ni mère?... »

« J'eus pitié et laissai la mère à ses nouveau-nés ; je plaçai les enfants sur sa poitrine, et, remontant au ciel, je me présentai devant le trône de Dieu et lui dis :

« — Je n'ai pu prendre l'âme de la nouvelle mère. Son mari est mort dans la forêt, elle reste seule avec deux jumeaux, et m'a supplié de lui laisser le temps de les élever et je n'ai pu me résoudre à lui enlever son âme. »

— Alors le Seigneur Dieu m'ordonna de nouveau :

« — Va, te dis-je, prendre l'âme de cette mère, et quand tu entendras ces trois paroles : Ce qu'il y a dans le cœur de l'homme ; — ce que l'homme ne peut pas connaître ; — ce qui garde la vie de l'homme ; — quand tu les auras entendues et que tu en comprendras le sens, tu pourras rentrer au ciel. »

« Alors les petits enfants tombèrent des bras de leur mère, qui s'affaissa lourdement sur l'une d'elles et lui estropia le pied pour toujours. Je m'envolai avec l'âme de la morte, mais un tourbillon me brisa les ailes, et je tombai près du village, pendant que l'esprit s'en allait seul à Dieu. »

XI

Sema et Matréma pleuraient de crainte et de joie, en apprenant quel était celui qu'ils avaient accueilli et abrité six années sous leur toit.

L'ange continua :

— Abandonné de Dieu, je me trouvais tout nu sur la route. Je n'avais auparavant aucune idée de la condition des hommes, et j'avais besoin de devenir l'un d'eux pour éprouver leurs misères et apprendre à connaître la faim et le froid. Affamé et transis, je ne savais m'aider dans ce pressant besoin. Alors m'apparut plus loin, dans la campagne, une chapelle consacrée à Dieu. Je m'approchai et voulus y entrer, mais elle était fermée et je m'affaissai au pied du mur. La nuit était noire, la terre glacée. Je pensai que j'allais mourir, lorsqu'un homme s'avança sur la route. Il avait une famille à nourrir, à peine de quoi se vêtir, certainement qu'il ne pouvait me secourir. Quand il me vit, son visage s'assombrit et me fit peur ; il se hâta de continuer sa route. Le désespoir s'emparait de moi, lorsque ce passant revint sur ses pas ; je revis ses traits, ce n'était plus le même homme. La première fois que je le regardai, j'avais vu la mort hideuse sur son visage, maintenant la vie et la lumière y brillaient : je reconnus l'image de Dieu. Il s'avança vers moi, se dépouilla de ses habits pour me couvrir et m'emmena chez lui. Nous entrons : une femme nous reçoit sur le seuil. Son visage est horrible, l'esprit de la mort sort de sa bouche, elle veut me repousser dans la froide nuit. Je savais que sitôt son dessein accompli, elle mourrait. Son mari lui parle de Dieu et tout en elle change soudain. Elle nous fit souper, et, comme elle me regardait fixement, je jetai les yeux sur elle ; son visage était radieux et j'y reconnus l'image de Dieu, et j'entendis sa première parole : « Tu apprendras ce qu'il y a dans le cœur de l'homme. » Je savais maintenant qu'au fond du cœur de l'homme il y a l'amour, et cela me valut mon premier sourire.

« J'habitais sous votre toit, et, quand une année fut écoulée, un homme se présenta et demanda des bottes qui chausseraient ses pieds pendant un an sans s'user; je regardai cet homme, et je vis derrière lui un de mes compagnons du ciel, l'ange de l'amour; je ne pouvais me tromper, et je sus ainsi qu'avant le soir l'âme du gentilhomme serait redemandée, et, raisonnant en moi-même, je me dis : « Voilà donc un homme qui s'inquiète pour une année entière et qui doit mourir ce soir. » L'homme ne peut dire à l'avance ce dont son corps aura besoin. Cela est certainement la deuxième parole de Dieu : « Tu sauras ce qu'il n'a pas été donné à l'homme de connaitre. » Je souris alors, parce que ma peine s'allégeait.

« J'attendis patiemment au milieu de vous que Dieu me révélât sa troisième et dernière parole. Enfin, après six années, la bonne dame est venue ici, et, dans ses petits chérubins, j'ai reconnu aussitôt les deux jumelles de la morte, et, raisonnant toujours en moi-même, je me suis dit : « Tu as tant supplié que leur mère ne leur fût point ravie, croyant que, sans père ni mère, elles devaient cesser de vivre ! Et voilà qu'une femme étrangère est venue les allaiter et les a prises chez elle pour les élever... » Et quand la bonne dame pressait sur son cœur ces enfants d'une autre en versant des larmes d'amour, j'ai reconnu en elle le Dieu vivant lui-même, j'ai vu ce qui garde la vie des hommes, j'ai entendu la troisième et dernière parole, et j'ai compris que Dieu m'avait pardonné. Voilà ce qui a été cause de mon troisième sourire. »

XII

Alors l'ange s'enveloppa d'une lumière éclatante, et une voix céleste fit entendre ces paroles :

— Je sais maintenant que la vie ne se conserve ni par les soins ni par les inquiétudes de l'homme, mais par l'amour. La mère mourante ne savait pas comment ses enfants vivraient. Le riche seigneur ignorait ce que l'heure suivante lui réservait : aucun mortel ne peut prévoir s'il portera le soir la chaussure des vivants ou celle des morts.

« J'ai dû la conservation de ma vie non à mes soucis et à mes inquiétudes, mais à la charité d'un homme et d'une femme qui ont accueilli le malheureux rencontré nu sur le chemin. Ils s'émurent de ma détresse et me donnèrent leur amour.

« Les deux petites orphelines vivent, non par la sollicitude d'un père ou d'une mère, mais par l'amour qu'une étrangère leur a voué. Ce qui entretient la vie, ce ne sont pas les petites préoccupations des hommes, mais l'étincelle divine, l'amour qui réside dans leur cœur. Auparavant, je savais que Dieu a donné la vie aux hommes et veut qu'ils la conservent, maintenant je sais qu'il ne veut pas que les hommes vivent seuls, c'est pourquoi ils doivent s'entr'aider par la charité. J'ai vu que le souci de la vie tourmente fort les hommes à courte vue, mais une chose est plus forte que la vie, c'est l'amour soutenu par Dieu. »

Alors l'ange entonna un chant de louange et le son de sa voix ébranla jusqu'à la base la demeure de Sema. Le toit s'entr'ouvrit et une colonne de feu monta de la terre au ciel. Sema et les siens se prosternèrent à demi évanouis, pendant que l'ange, déployant ses nouvelles ailes, s'envolait majestueusement au ciel.

Quand Sema et sa femme se relevèrent, rien n'était changé dans leur demeure : le père, la mère et les enfants étaient réunis et remplis d'une joie sainte.

LE PETIT CIERGE

CONTE DE PAQUES

CETTE histoire s'est passée dans une terre seigneuriale. Il en était des seigneurs d'alors comme de ceux d'aujourd'hui : les uns avaient pitié des malheureux parce qu'ils craignaient Dieu et songeaient à leur heure dernière, les autres étaient des hommes durs qui semblaient nés pour le malheur d'autrui et dont il n'est resté qu'un souvenir amer; mais plus mauvais encore étaient ces parvenus que la fortune tirait parfois de la valetaille pour les élever au-dessus des autres. Le château dont nous parlons avait pour intendant un de ces parvenus.

Le domaine était vaste, le sol fertile, riche en forêts et en prairies bien arrosées, et les paysans qui devaient y travailler y auraient vécu heureux et en parfait accord avec leurs maîtres, si la méchanceté de l'intendant n'y avait mis obstacle.

Il n'était auparavant qu'un simple serf sur un autre domaine ; mais il ne fut pas plus tôt élevé à la charge d'intendant, qu'il foula aux pieds les pauvres paysans. Il avait une famille, composée de sa femme et de deux filles, et depuis longtemps il avait, comme on dit, fait son petit magot. Il pouvait mener une vie tranquille et aisée à l'abri de tout souci, si la passion de l'envie ne l'avait rendu rapace et cruel.

Il commença par restreindre les franchises des paysans, qu'il surchargea de corvées. Il établit une tuilerie, et hommes et femmes furent astreints à un travail accablant; il vendait sa brique et en tirait un beau profit. Les paysans, révoltés de se voir ainsi cruellement exploités, essayèrent de se plaindre à leur seigneur ; ils firent exprès le voyage de Moscou, mais le seigneur n'écouta pas leurs plaintes, et loin d'obtenir un adoucissement à leurs peines, ils subirent la vengeance de l'intendant, qui n'avait pas tardé à apprendre leur démarche. Ils eurent à supporter un redoublement d'exactions et de cruautés, et, pour comble de malheur, il se trouvait parmi eux de faux frères qui dénoncèrent leurs compagnons de servitude, de sorte que personne n'osait plus se fier même à son ami. L'inquiétude et l'effroi régnaient partout et la fureur du mal ne faisait qu'augmenter chez l'intendant.

On le craignait comme une bête fauve ; quand il apparaissait dans un village, tout le monde s'enfuyait comme devant un loup; on se cachait où l'on pouvait pour se mettre à l'abri des brutalités de cet homme.

La peur qu'on avait de lui l'aigrissait encore davantage, excitait son ressentiment et développait dans son cœur une haine profonde. Alors les corvées se multipliaient, les coups pleuvaient de plus belle sur les pauvres martyrs. Souvent un meurtre débarrasse soudain le monde de la présence d'un tel monstre. Cette pensée hantait les paysans, elle faisait souvent

4.

le sujet de leurs secrets entretiens. Quand ils se rencontraient deux ou trois dans un lieu écarté, le plus décidé se laissait aller à dire: « Souffrirons-nous que cet impie continue à vivre pour nous tourmenter? Non, finissons-en d'un coup. Ce n'est pas un péché que de tuer un tel démon. » Un jour de la semaine sainte, l'intendant avait envoyé les paysans à la forêt. Ceux-ci s'étaient réunis en un cercle familier pour prendre leur repas de midi; la conversation s'engagea sur le même sujet.

« Frères, qu'allons-nous devenir? disaient quelques-uns d'entre eux; nous ne pouvons plus vivre ainsi. Le cruel nous foule aux pieds; il nous épuise jusqu'à la moelle des os. Nous ne connaissons plus la paix du foyer domestique: jour et nuit, les femmes comme les hommes n'ont plus aucun repos; il querelle sur tout, et pour un rien qui n'est pas à sa guise, il nous fait donner le knout. Semen, le pauvre idiot, est mort des coups qu'il a reçus; Anisim est encore aux fers! Qu'est-ce qui nous retient? Pourquoi ménagerions-nous ce démon? Il viendra tantôt à cheval, et aura bientôt trouvé un motif pour nous quereller. Si nous sommes des hommes, nous le tirerons à bas de sa monture, et un coup de hache fera son affaire et nous donnera le repos. Nous l'enfouirons comme un chien dans la forêt sans qu'on en retrouve de traces. Avant tout, notre mot d'ordre sera : « Unis « comme un seul homme ! Mort au traître ! »

Ainsi parla Wassili Minajew. Il avait à se plaindre plus que tout autre, car il sentait le knout au moins une fois la semaine, et l'intendant lui avait enlevé sa femme de force pour en faire sa cuisinière.

Tel était le plan des paysans tous unis pour se venger.

Vers le soir, l'intendant apparut, en effet ; il promena autour de lui son regard malveillant et trouva aussitôt le grief qu'il cherchait. Contrairement à ses ordres, il y avait un jeune tilleul parmi les arbres abattus.

— Je vous avais dit qu'il ne fallait pas toucher aux tilleuls. Qui est celui qui a coupé ce tilleul ? Son nom, ou tous auront le knout !

En même temps son œil allait rapidement d'un groupe de travailleurs à l'autre, pour découvrir celui qui avait commis la faute. Un des paysans lui montra un de ses camarades, nommé Sidor. D'un coup, l'intendant ensanglanta le visage du pauvre homme; puis, ne voulant pas manquer non plus l'occasion d'exercer sa rage sur Wassili, il le cingla plusieurs fois de sa tartara, sous prétexte que son tas de bois n'était pas aussi grand que ceux des autres.

Les paysans le laissèrent s'en retourner tranquillement chez lui.

Le soir, ils étaient de nouveau réunis. Wassili apostropha durement ses frères.

— Vil troupeau ! leur dit-il, non, vous n'êtes pas des hommes. Unis comme des frères, disiez-vous !... Le tyran se montre... et voilà vos résolutions envolées ! Ainsi firent les moineaux quand ils se réunirent pour conspirer contre le vautour. « Tous pour un ! Mort aux traîtres ! » criaient-ils à l'envi. Le vautour fond sur eux, et chacun de s'enfuir derrière les orties. Mais, prompt comme l'éclair, l'oiseau pose sa serre sur l'un d'eux et remonte avec lui dans les airs. Les moineaux épargnés voletaient effarés, en se demandant : « Qui a-t-il pris ? qui a-t-il pris ? Ah ! il a pris Vantka. C'est bien fait. Vantka ne méritait pas mieux ! »

C'est ainsi que vous faites. « Mort aux traîtres ! » dites-vous, et chacun s'empresse de trahir ! Quand notre bourreau a frappé Sidor au visage, vous deviez agir comme un seul homme, et nos maux auraient enfin eu un terme.

Mais vous, vous criez tant que vous pouvez : « Soyons unis,... mort aux traîtres, » et quand notre bourreau se montre, il n'y a plus personne !

Maintes fois, les paysans avaient tenu de semblables discours, car cette pensée de se débarrasser de l'intendant en lui ôtant la vie persistait dans leur cœur.

Les derniers jours de la semaine sainte, le cruel intendant fit annoncer qu'on allait semer l'avoine dans les champs seigneuriaux et qu'il fallait immédiatement se mettre à la charrue. Ce fut pour les paysans une nouvelle douleur ; réunis chez Wassili, le jour du vendredi saint, ils parlaient, plus excités que jamais, de leur conjuration.

— Puisqu'il outrage Dieu, en voulant nous faire commettre un si grand péché, disaient-ils, rien ne doit plus nous retenir. Finissons-en avec lui d'un seul coup.

Peter Michejew prit à son tour la parole.

C'était un homme tranquille et paisible que Pierre Michejew. Il n'approuvait pas les desseins homicides de ses frères, et secouait tristement la tête en entendant leurs projets criminels.

— C'est un grand péché, leur dit-il, de parler comme vous le faites. Malheur à celui qui cause la perte d'une âme ! c'est un des plus grands crimes. Envoyer une âme à la damnation éternelle, certes, cela vous sera facile; mais combien la vôtre n'aura-t-elle pas à souffrir ensuite en punition d'un tel crime? Si l'intendant offense le Ciel par ses forfaits, attendez; un jour ou l'autre, il trouvera sa punition. Pour nous, ce que nous avons à faire, c'est de souffrir en prenant patience.

Une telle douceur excita chez Wassili une colère furieuse.

— Qu'est-ce qu'il marmotte là ? s'écria-t-il.

Toujours sa vieille chanson. C'est un grand péché que de tuer un homme ! Nous n'avons pas besoin que tu nous le dises : les petits enfants mêmes le savent, mais il y a homme et homme, et Dieu peut-il vouloir que cet impie, cet assassin de tes frères, ce chien maudit continue de vivre ! Quand un chien est enragé, on le tue, pour se préserver de ses morsures. Si nous laissons vivre celui-ci, c'en est fait de nous ; ne voyez-vous pas qu'il a médité notre perte ? Si nous commettons un crime, ce sera pour délivrer nos frères, et tous ils prieront pour que cela ne nous soit pas imputé à mal. A quoi sert-il de discuter plus longtemps ? Voulez-vous attendre qu'il nous ait anéantis ?... Quel radotage nous fais-tu là, Michejew ? Crois-tu qu'en allant au travail le saint jour où Notre-Seigneur Jésus-Christ est ressuscité, notre péché sera moindre ?

Michejew répliqua :

— Pourquoi n'irions-nous pas ? Pour moi, si l'on nous y envoie, j'obéirai : ce ne sera pas pour moi que je travaillerai, et Dieu saura bien à qui en faire porter la peine. Avant tout, gardons la crainte de Dieu dans nos cœurs. Voyez-vous, mes amis, je ne prétends pas vous donner des conseils de moi-même, et, si la loi de Dieu nous enseignait qu'un mal peut en détruire un autre, je me joindrais à vous pour agir; mais Dieu commande tout autre chose. Vous croyez extirper le mal de la terre, mais vous-mêmes vous en gardez les racines dans vos cœurs. Tuer un de ses semblables n'est pas une action sensée: le sang rejaillit sur le meurtrier et lui laisse une trace ineffaçable; vous croyez dans votre illusion chasser le mal, sans vous apercevoir que c'est le mal qui vous fait agir; comme dit le proverbe : « Regardez la misère en face, et elle baissera les yeux. »

Ce discours ébranla l'auditoire. Les uns inclinaient à suivre les sages conseils du pieux Michejew, et voulaient patienter plutôt que de commettre un si grand péché; les autres écoutaient les excitations de Wassili.

Quand arriva le jour de Pâques, les paysans célébrèrent la fête suivant la vieille coutume. Vers le soir, le starosta, ou ancien du village, se présenta, accompagné des greffiers de la commune seigneuriale, et dit : « Michel Semenowitch, notre haut intendant, ordonne et fait savoir à tous que demain on plantera la charrue dans les champs de Monseigneur pour y ensemencer l'avoine. »

Le starosta et les clercs firent ainsi le tour du village, désignant à chacun l'endroit où il devait semer.

Les pauvres paysans dévorèrent leurs larmes en silence, aucun n'osa tenter une résistance ouverte. Le lendemain, ils se trouvèrent tous avec leur charrue à l'endroit désigné, et l'âme navrée, ils durent se mettre au travail. Pendant que les cloches sonnaient à toute volée pour la messe du matin, et que, de tous côtés, les fidèles, en habits de fête, se rendaient joyeusement à l'église, Michel Semenowitch, le mauvais intendant, dormait encore d'un profond sommeil ; il s'éveilla assez tard ; à peine hors du lit, il courut voir ce qui se passait dans le domaine, cherchant qui il pourrait quereller. Sa femme était, en compagnie de sa fille, dans le cabinet de toilette.

Devant la maison, un valet les attendait avec

la voiture attelée; les deux femmes y montèrent bientôt pour aller à l'église. Une heure après, elles étaient de retour et Michel Semenowitch rentrait aussi. Une servante avait préparé le samovar, et l'on se mit à table.

Michel Semenowitch prit une tasse de thé, alluma sa pipe et fit appeler le starosta.

— Eh bien! comment vont les choses? lui demanda-t-il; as-tu exécuté mes ordres? Les paysans sont-ils à la charrue?

— J'ai fait comme vous me l'aviez commandé, Michel Semenowitch.

— C'est bien; t'ont-ils obéi?

— Tous, je les ai conduits chacun à la place qu'ils doivent labourer.

— Tu les a conduits! Mais ces fainéants travaillent-ils, au moins? Va-t'en voir ce qu'ils font, et dis-leur que j'irai tantôt voir moi-même ce qu'ils ont fait. J'entends qu'à deux ils aient fait au moins *une dessjatine*, et gare, si l'ouvrage n'est pas bon. Si je trouve un coupable, ce n'est pas la sainteté du jour qui me retiendra!

— Vos volontés sont des ordres.

Le starosta allait s'éloigner à la hâte, mais

Michel Semenowitch le rappela. Malgré tout, le cruel intendant n'était pas tranquille ; il s'agitait comme s'il eût été sur des épines. Sa langue tournait entre ses dents, il avait encore quelque chose à dire et qui l'embarrassait. Il fit : « En effet ! » et ajouta :

— Encore un mot. Écoute un peu les discours de ces fainéants et tâche de savoir ce qu'ils disent de moi. Si ces marauds tiennent de méchants propos sur mon compte, tu me les rapporteras fidèlement Ah ! je les connais, les drôles ! Bien manger et bien boire et s'étendre sur leurs peaux de mouton, voilà ce qu'il leur faut. Qu'on laisse passer le bon moment pour les travaux, cela leur est bien égal. Ainsi donc, écoute bien leurs propos sans en avoir l'air, et rapporte-moi ce que chacun d'eux peut dire. Il faut que je sache tout, jusqu'à la moindre de leurs paroles. Va, ouvre les oreilles et prends garde de me cacher quelque chose.

Le starosta tourna sur ses talons et remonta aussitôt à cheval pour se rendre auprès des paysans.

La femme de Michel, qui avait tout entendu,

s'approcha de son mari d'un air tendre et suppliant. C'était une femme d'un caractère doux et dont le cœur souffrait de toutes les cruautés exercées sur de pauvres paysans; elle les prenait sous sa protection, et, souvent, elle réussissait à calmer les fureurs de son mari. Elle lui adressa la prière de son cœur angoissé.

— Ami de mon âme, petit Michel, lui dit-elle d'un ton caressant, n'oublie pas que c'est jour de grande fête, le saint jour consacré à Dieu, et ne commets pas un si grand péché. Je t'en prie, mon ami, pour l'amour de Jésus, laisse les paysans libres aujourd'hui.

Mais Michel Semenowitch ne se laissa pas toucher par les paroles de sa femme; il répondit avec un rire méchant et en la menaçant du doigt:

— Il y a longtemps que tes reins n'ont senti le fouet, cela se voit; si tu veux me pousser à bout, tu n'as qu'à te mêler ainsi des choses auxquelles tu n'entends rien.

— Mechenka, mon tendre ami, ne repousse pas mon conseil. Si tu savais le mauvais rêve que j'ai fait! Tu étais si misérable, si misérable! Oh! c'était épouvantable; je t'en prie, ne force pas les paysans à travailler aujourd'hui, un saint jour de fête!

— Par tous les diables, me laisseras-tu tranquille, sotte femme! N'abuse pas plus longtemps de ma patience et tais-toi, ou sinon ta large bedaine fera connaissance avec le knout! Ce sera une autre chanson alors!

En disant cela, l'intendant tombait comme un fou furieux sur sa femme et lui appliquait un violent coup sur la bouche avec la tête de sa pipe. Puis il la chassa en lui ordonnant, d'un ton brutal, de faire apporter le dîner.

On lui servit une soupe froide, des piroggis à la viande, un plat de choucroute et de porc rôti, et un pouding à la crème. Il s'en gobergea comme un prince et arrosa le tout d'un bon coup de kirsch. Les piroggis étaient si bons qu'il en mangea même en guise de dessert; il fit venir ensuite la cuisinière, et, sur son ordre, celle-ci se mit à entonner un couplet joyeux, qu'il accompagna lui-même en pinçant de la guitare à sa façon.

C'est ainsi que cet homme faisait sa digestion, bien dispos, ne se souciant ni de Dieu ni des hommes. Peu à peu ses doigts s'arrêtèrent sur les cordes de l'instrument, et il se mit à plaisanter avec la jolie cuisinière.

Le retour du starosta mit brusquement fin à ce duo. Ayant fait une profonde révérence, il attendit l'ordre de parler.

— Eh bien! que font ces drôles? avancent-ils? leur tâche sera-t-elle achevée à l'heure fixe?

— Ils en ont fait déjà plus de la moitié.

— Et la charrue a passé partout? Il n'y a point de place oubliée?

— Je n'en ai point su découvrir. Le travail est bon, ils ont peur et...

— Dis-moi un peu, est-ce qu'ils labourent assez profond en remuant bien la terre?

— C'est une terre légère, elle s'envole comme de la poussière.

L'intendant se tut un moment, absorbé dans sa pensée inquiète.

— C'est bien, reprit-il, mais tu ne me dis pas ce que les paysans pensent de moi. Ils m'arrangent bien sans doute? Conte-moi un peu leurs jolis propos.

Le starosta hésitait à répondre, mais l'intendant, avec colère, lui intima l'ordre de parler.

— Je veux que tu me dises tout, s'écria-t-il ; ce ne sont pas les discours, mais les leurs que je veux entendre. Si tu me dis la vérité, tu auras ta récompense. Mais si tu t'avises de me cacher quoi que ce soit, tu sentiras le knout. Crois-tu que je me gênerai plus avec toi qu'avec les autres ? Allons, Kajuscha, verse-lui un verre d'eau-de-vie pour lui délier la langue.

La cuisinière obéit, versa un plein verre de kirsch et le tendit au starosta. Celui-ci murmura une santé, avala la liqueur d'un seul trait et essuya ses lèvres en se disposant à répondre.

« Advienne que pourra, se dit-il en lui-même. Ce n'est pas ma faute si l'on ne chante pas ses louanges ; puisqu'il veut la vérité, il l'entendra. »

Après s'être ainsi donné du courage, il commença :

— Les paysans murmurent, Michel Semenowitch, ils font entendre des plaintes amères.

— Mais parle donc ! que disent-ils ?

— Les uns disent que tu ne crois pas en Dieu.

L'intendant éclata de rire.

— Quel est celui de ces gueux qui dit cela?

— Tous le disent. Tu te serais donné au démon, à ce qu'ils prétendent.

L'intendant eut un nouvel éclat de rire.

— Joli! très joli! fit-il. Mais explique-toi sur le compte de chacun individuellement. Que disait Waska, par exemple?

Le starosta avait des parents et des amis qu'il voulait ménager, mais quant à Wassili, il était à couteau tiré avec lui depuis des années.

— Wassili, fit-il sans hésitation, jure et tempête plus que tous les autres.

— Bien; mais parle, je veux que tu me répètes ses propres paroles.

— Elles sont effrayantes : je tremble rien que d'y penser. Il vous menace et dit qu'un homme tel que vous ne peut manquer de finir par une mort violente.

— Peste! comme il y va! un vrai héros que ce Wassili, fit l'intendant, que cette confidence mettait toujours plus en gaîté. Eh! parbleu, que tarde-t-il? Que fait-il à bayer aux corneilles au lieu de me rompre le cou de suite?

C'est que probablement le vantard ne trouve pas la chose si aisée. Attends un peu, Waska, mon petit Waska, nous reparlerons de cela à nous deux... Passons à un autre... Et ce chien de Tiscka, qu'est-ce qu'il aboie?

— Tous ont tenu de mauvais discours.

— Oui, mais je te l'ai déjà dit, je veux être renseigné sur chacun en particulier.

— Il me répugne de répéter leurs propos.

— Voyez-vous, quelle délicatesse! Ah ça! parleras-tu à la fin?

— Ils voudraient que la panse vous crève et qu'on en voie sortir les tripes!

Ce propos provoqua un redoublement de gaité chez l'intendant, qui riait à s'en tenir les côtes.

— Nous verrons bien qui de moi ou de ces mannequins montrera le premier ses tripes. Qui a dit cela? Fischka sans doute?

— Personne n'a dit une bonne parole, tous ont des menaces et des injures à la bouche, c'est à qui en dira le plus.

— Je te crois. Et Pétruska Michejew, l'hypocrite, avec ses propos mielleux, m'injurie comme les autres, je pense?

— Non, Michel Semenowitch, aucun mauvais propos n'est sorti de sa bouche.

— Alors que disait-il ?

— Seul d'entre tous il restait silencieux. Un fameux original celui-là, vous n'imagineriez jamais ce que j'ai vu ; non, je n'en croyais pas mes yeux.

— Quoi donc ?

— Une chose étrange. Les paysans n'en revenaient pas.

— Bourreau ! auras-tu bientôt fini de me dire ce que tu as vu ?

— Il labourait sur le flanc de la colline. Comme j'approchais, des accents émus et touchants frappèrent mon oreille. Notre homme chantait un pieux cantique. C'était solennel et merveilleusement beau. Puis, sur le bois de la charrue, entre ses deux cornes, il me sembla voir comme une petite lumière vacillante...

— Et après ?...

— C'était bien une lumière, en effet. Plus j'approchais, plus je la voyais brillante, et je reconnus bientôt... un cierge ! un de ces petits cierges qu'on vend pour cinq kopecks à la porte des églises. Il était fixé sur le bois de la charrue et sa flamme voltigeait, joyeuse, au souffle du vent. Le paysan, dans son sarreau du dimanche, marchait paisiblement derrière la charrue, et poursuivait son vigoureux labeur en chantant le saint cantique du jour de la Résurrection. Devant moi, il a secoué sa charrue, tourné le soc et recommencé un nouveau sillon, et la petite flamme, si claire, brûlait toujours.

— Que t'a-t-il dit?

— Un mot à peine. En m'apercevant, il m'a fait souhaiter de bonnes Pâques et s'est remis à chanter.

— Et vous n'avez pas échangé d'autres paroles?

— Non, je ne savais vraiment que lui dire de son action. Les autres paysans riaient et se moquaient de lui.

— « Pauvre fou, lui disaient-ils, tu as beau « psalmodier, tes cantiques n'empêchent pas « que tu travailles aujourd'hui; il t'en faudra « des prières et des pénitences pour te laver de « ce péché-là! »

— Et que répondait Michejew?

— Il s'interrompait, leur répétant les paroles de l'Évangile : « Paix sur la terre et bonne volonté envers les hommes; » puis il poussait ses chevaux et recommençait. Et la petite flamme joyeuse se balançait toujours au souffle du vent.

L'intendant ne riait plus; il baissait la tête; la guitare était tombée de ses mains; une sombre pensée s'était emparée de lui.

Il resta un moment plongé dans un noir silence, puis, ayant congédié le starosta et la cuisinière, il se hâta de se mettre au lit, où on l'entendit pousser des gémissements et s'agiter comme s'il eût eu à tirer d'une ornière un char de foin embourbé. Sa femme vint, tout inquiète, lui demander ce qu'il avait, mais elle eut beau prier et supplier, elle ne put tirer de lui d'autres mots que ceux-là, qu'il répétait constamment :

— Il m'a vaincu ! quelque chose m'a saisi; c'est mon tour maintenant !

Sa femme lui adressait de tendres exhortations.

— Reprends courage, mon ami, lui disait-elle, lève-toi, et va congédier ces pauvres paysans.

Tout peut se réparer. D'où vient qu'un rien peut ainsi t'abattre, toi qui as commis sans broncher tant d'actions effrayantes?

— Je suis perdu! Il m'a vaincu, continuait-il en gémissant. Tâche seulement de t'en tirer saine et sauve; mon chagrin est trop grand pour que tu puisses le comprendre!

Et dans l'angoisse de son cœur, le malheureux se tournait et se retournait dans le lit.

Le lendemain il reprit le cours de ses occupations ordinaires; mais comme il était changé! Michel Semenowitch était méconnaissable, le chagrin lui rongeait le cœur. Il traîna dès lors sa triste existence en laissant aller les choses à la dérive, et en restant de préférence oisif au logis.

Le seigneur étant venu visiter ses terres, il fit appeler son intendant.

On lui répondit qu'il était malade; à un nouvel appel il reçut la même réponse, mais il ne tarda pas à savoir que Michel était devenu un ivrogne renforcé, et, du coup, il le dépouilla de sa charge.

Depuis ce moment, Michel Semenowitch mena

une vie oisive, et son esprit s'assombrit de plus en plus; le reste de son avoir s'en alla en boisson, et le malheureux finit par tomber si bas qu'il en vint à dérober à sa femme de vieux draps pour les donner au cabaretier en échange d'un verre d'eau-de-vie.

Les paysans, pour qui il avait été si dur, finirent même par avoir pitié de sa misère, ils lui donnaient de l'argent, pour qu'il pût boire et noyer son chagrin.

Il ne vécut pas longtemps de cette existence bestiale; au bout d'une année à peine, l'eau-de-vie lui avait donné le coup de la mort.

LES DEUX VIEILLARDS

I

Deux vieillards s'étaient promis d'aller à Jérusalem prier Dieu aux saints lieux.

L'un était un paysan aisé ; il s'appelait Jefim Tarassitsch Scheweleff.

L'autre était un petit paysan peu fortuné, Élisée Bodrow de son nom.

Jefim était un homme posé ; il ne buvait point d'eau-de-vie, ne fumait pas, ne prisait pas, n'avait de sa vie eu à la bouche un vilain mot, et il se comportait toujours en homme de bonnes mœurs et d'un caractère exemplaire.

Comme *ancien*, il avait accompli deux périodes de ces fonctions et en était sorti immaculé.

Sa famille comptait parmi les plus nombreuses : deux fils mariés avec des enfants tous vivant sous le même toit.

D'extérieur imposant, il portait entière sa barbe luxuriante, se tenait droit comme un soldat, et, presque septuagénaire, c'est à peine si quelques cheveux blancs argentaient sa chevelure.

Élisée était un petit vieux, ni riche ni pauvre, ayant pérégriné dans sa jeunesse comme charpentier, et devenu dans ses vieux jours de plus en plus casanier, afin de se consacrer à l'agriculture.

Un de ses fils cherchait fortune à l'étranger, l'autre était demeuré à la maison.

Élisée avait l'esprit serein et le cœur bon. Il buvait volontiers son petit verre d'eau-de-vie, prenait sa prise de tabac et aimait la chansonnette ; cependant c'était un compagnon pacifique, vivant en bonne intelligence avec ses voisins et affectueux dans son intérieur.

De taille moyenne, Élisée avait le teint bronzé, la barbe crépue et foncée, puis — comme son patron le prophète Élisée — il avait le crâne complètement chauve.

Depuis longtemps les deux vieillards étaient d'accord et avaient fait vœu entre eux qu'ils iraient ensemble en pèlerinage, mais Tarassitsch, constamment engagé dans quelque affaire nouvelle, ne se trouvait jamais libre. A peine en avait-il expédié une qu'il lui en tombait une autre sur les bras ; une fois il s'agissait d'une demande en mariage pour son petit-fils, ensuite il attendait son cadet revenant du régiment, ou bien il survenait la nécessité de construire quelque dépendance...

Un jour de fête, les deux vieux se rencontrèrent et s'assirent côte à côte sur une solive.

— Comment va, petit père, fit Élisée, et quand nous déciderons-nous à accomplir notre vœu ?

Jefim fronça les sourcils.

— Il nous faut encore patienter un peu, dit-il, j'ai une année bien lourde. Je me suis mis en tête d'achever la construction de la nouvelle maison, je comptais y consacrer un peu plus d'une centaine de roubles, et voici que trois cents sont déjà dépensés. Et encore on n'en voit pas la fin. Il est clair que je n'aurai pas terminé avant l'été. Cependant, une fois l'été arrivé, que la volonté de Dieu se fasse ; alors, à coup sûr, nous nous mettrons en route.

— A mon avis, remarqua Élisée, nous ne devrions pas remettre plus longtemps notre projet, et il conviendrait de nous décider dès à présent. Le printemps est le meilleur moment.

— Assurément, la raison est bonne, mais les travaux sont commencés. Comment laisserais-je en place ma construction ?

— N'as-tu donc aucun aide ? et ton fils ne peut-il continuer les travaux ?

— Mais comment les conduira-t-il ? Je ne puis guère compter sur mon aîné, il boit.

— Nous mourrons, mon petit père, et ils vivront bien sans nous. Ton fils essaiera cependant, une fois, de marcher tout seul.

— C'est vrai, mais je n'ai pas de repos lorsque l'ouvrage ne se fait pas sous mes yeux.

— Ah ! cher frère ! tous tes travaux, tu ne les mèneras certes pas à leur terme. Tiens, je vais te faire un apologue : dernièrement les femmes nettoyaient chez moi pour un jour de fête, et cet époussetage n'avait point de fin ; de ci, de là, on trouvait toujours quelque chose à fourbir et rien ne se terminait. Alors l'aînée de mes belles-filles (une petite tête délurée) s'écria : « Dieu soit loué de ce que la fête approche sans nous attendre, car avec tout notre beau zèle nous n'en aurions jamais fini de ce nettoiement. »

Ces paroles donnèrent à penser à Tarassitsch.

— Cette construction me coûte déjà gros, fit-il après une pause ; et un lointain voyage ne peut s'entreprendre les mains vides. Cent roubles ne sont pas une bagatelle.

Élisée se mit à rire.

— C'est pécher, mon petit père, observa-t-il cordialement. Ton avoir est dix fois plus considérable que le mien, pauvre diable que je suis, et tu me parles d'argent ! Dis-moi seulement quand nous partons. Je n'ai pas d'argent, mais il ne m'en manquera pas.

A son tour, Tarassitsch sourit malicieusement.

— Voyons, voyons, te voici tout à coup devenu un richard, dit-il en plaisantant, où vas-tu dénicher la somme qu'il te faut ?

— D'abord, en grattant bien, je finirai par

trouver quelque chose à la maison ; et, si cela ne suffisait pas, je céderai une dizaine de ruches à mon voisin ; il y a assez longtemps qu'il me les demande.

— Ce sera une bonne année pour les essaims, et tu t'en repentiras...

— M'en repentir ? Non, mon petit père ! dans toute mon existence, je n'ai eu à me repentir que de mes péchés. Il n'y a rien qui me soit plus précieux que mon âme.

— En cela tu as encore raison, mais c'est cependant pénible, quand les choses vont mal à la maison.

— Et quand cela ne va pas bien pour notre âme, c'est encore plus douloureux. Nous avons fait un vœu ; maintenant, mettons-nous en route, en vérité, mettons-nous en route !

II

Élisée avait converti son vieil ami.

Pendant des heures, Jefim rumina en silence, et le lendemain il arriva chez Élisée.

— Eh bien ! petit père, me voici prêt; tu m'as ouvert les yeux. Dieu tient en main la vie et la mort. Tandis que nous sommes encore solides et gaillards, il nous faut partir en pèlerinage.

Au bout d'une semaine, les vieillards se mirent en route.

Jefim Tarassitsch avait à la maison suffisamment d'argent. Il prit pour son voyage cent quatre-vingt-dix roubles et en laissa deux cents à sa femme.

Élisée s'était aussi mis en règle ; il avait vendu dix de ses ruches à son voisin, auquel il s'était également engagé à fournir autant de jeunes essaims que pouvaient en produire dix ruches. Pour tout cela Élisée avait reçu soixante-dix roubles. Les trente roubles manquants, il les avait recueillis à la maison, en demandant à chacun un petit sacrifice : sa femme lui remit tout ce qu'elle avait durement économisé et mis de côté en cas de mort, la bru avait donné aussi tout ce qu'elle possédait.

C'est à son aîné que Jefim Tarassitsch confia toutes les affaires de la maison ; il lui fit de sérieuses recommandations, à savoir où et en quel nombre recruter son monde pour faire les foins, où conduire les fumiers, où élever la maison, comment faire le toit.

Élisée recommanda à sa vieille compagne de mettre à part les jeunes essaims des ruches vendues, afin que le voisin ne subît aucun préjudice. Quant aux choses du ménage, il ne lui fit aucune recommandation ; d'après les circonstances, lui dit-il, tu jugeras ce que tu as à faire. Une fois ta propre maîtresse, agis comme cela te conviendra.

Les vieillards firent leurs préparatifs de départ.

Leurs parents s'occupèrent à cuire des gâteaux de miel, à coudre des sacs de voyage, à couper des bandes de toile pour les pieds, à acheter des demi-bottes neuves.

Enfin l'heure arriva de la séparation. Les parents firent la conduite aux pèlerins jusqu'en pleine campagne, et l'on échangea les adieux ; puis les vieillards se lancèrent bravement vers le monde lointain.

Élisée s'éloigna gaillardement et d'un cœur léger du village natal, laissant derrière lui tous les petits soucis, toutes les préoccupations. Désormais toutes ses facultés ne tendaient plus qu'à ceci : se montrer envers son cher compagnon serviable et aimable, ne plus avoir sur la langue de vilains mots, et rentrer à son foyer après avoir atteint pieusement le but sacré qu'il poursuivait. Aussi suivait-il son chemin, un doux sourire sur les lèvres et en marmotant tout bas une prière ou quelque passage de la Vie des Saints, tout cela récité par cœur. Et s'il rencontrait un passant, ou s'il s'arrêtait pour la nuitée, il s'efforçait de se montrer cordial et fraternel, en ne tenant que des discours agréables à Dieu. Ainsi chemine-t-il en pèlerin au cœur content.

Il n'y avait qu'une seule chose qu'Élisée ne

pouvait gagner sur lui. Il s'était proposé d'abandonner son tabac à priser, et c'est pourquoi il avait oublié à la maison sa tabatière de bouleau. Mais c'était plus facile à dire qu'à faire. Chemin faisant un passant lui offrit une prise, Élisée combattit un moment, puis il succomba à la tentation, demeura en arrière pour ne pas scandaliser son compagnon de route, et une fois encore il prisa.

Jefim Tarassitsch, lui aussi, marchait allègrement vers le saint objectif, fidèle et ferme, sans trouble de conscience, sans paroles inutiles ; mais au fond de son cœur il ne remarquait pas l'allégresse de cette marche facile vers le ciel. Les soucis de son ménage ne lui sortaient pas de la tête. Il pensait toujours à ce qu'on faisait à la maison : son fils avait-il oublié de mettre en ordre ceci ou cela, et l'avait-il bien fait? Si chemin faisant il voyait planter des pommes de terre ou porter du fumier, aussitôt il se sentait tourmenté de l'idée que son fils ne l'avait pas bien compris. Ces soucis ne lui laissaient aucun repos ; si bien qu'il eût préféré retourner chez lui pour s'assurer en personne si tout allait bien et pour mettre lui-même la main à la pâte.

III

Depuis cinq semaines les vieillards marchaient ; leurs chaussures étaient usées, et il fallait s'en procurer de nouvelles. Ils étaient arrivés dans la Petite-Russie. Lorsqu'ils avaient quitté leur village, c'est de leur argent qu'ils avaient payé la dépense de leur coucher et de leur nourriture ; mais une fois chez les Petits-Russiens, ils se trouvèrent avec des villageois rivalisant à qui leur offrirait l'hospitalité gratuite dans leurs chaumières. On leur fournissait à boire, à manger et à coucher, sans vouloir accepter de paiement, et encore remplissait-on de pain les sacs des pèlerins en y glissant aussi quelques gâteaux.

C'est ainsi que les vieux camarades gagnèrent sans frais quelques cents verstes.

Ils avaient encore laissé une province derrière eux, lorsqu'ils atteignirent une contrée stérile. Il est vrai qu'ils étaient accueillis cordialement, qu'il ne leur était rien réclamé pour le coucher, mais il n'était plus question de table ni de vivres de route.

Partout des plaintes sur le manque de pain : il n'était même point rare de ne pouvoir se rien procurer contre de bon argent.

— L'année dernière, clamait la population, nous n'avons rien récolté. Plus d'un, qui vivait dans l'aisance, est tombé dans la gêne et a dû tout vendre ; d'autres, n'ayant que le nécessaire, sont tombés dans une misère noire ; et les pauvres diables ont cherché leur salut en émigrant, ou ils mendient de porte en porte, ne pouvant plus supporter la désolation de leur foyer. Cet hiver, ils ont mangé de la balle et de l'arroche.

Une fois, les vieillards avaient fait leur nuitée dans une petite localité. Là ils trouvèrent à acheter quinze livres de pain frais ; ils se préparèrent au départ et partirent avant le crépuscule, afin d'avoir laissé derrière eux un bon bout de chemin avant la chaleur de midi. Ils franchirent ainsi dix verstes et atteignirent une petite rivière ; ils s'accroupirent, puisèrent dans leurs gobelets de l'eau qu'ils burent en mangeant leur pain, et ainsi se reposèrent un instant, afin de reprendre des forces.

Élisée sortit de sa poche une tabatière. Sur ce, Jefim Tarassitsch secoua la tête d'un air scandalisé.

— Que vois-je ? s'écria-t-il. Ne veux-tu pas abandonner cette abomination ?

Élisée fit le mouvement d'abaisser sa main.

— Vaincu, dit-il, par cette concupiscence coupable.

— Qu'est-ce de nous ?

Ils se levèrent alors et reprirent leur marche.

Ils firent ainsi dix verstes de plus et ils parvinrent à un gros village que la route traversait.

La chaleur était devenue écrasante, Élisée se sentait épuisé, avait son appétit à satisfaire et sa soif à étancher ; cependant, Tarassitsch ne voulait pas perdre une minute.

Tarassitsch était un intrépide marcheur ; Élisée, lui, avait bien envie de s'attarder derrière son compagnon.

— La soif me dévore, dit-il à son ami.

— Eh bien ! va l'apaiser ; moi, je n'ai pas soif !

Élisée s'arrêta.

— Il ne faut pas m'attendre, ajouta-t-il d'un ton conciliant. Je ne fais qu'entrer dans la cabane qui est là-bas, prendre une bonne lampée. Ainsi rafraîchi et ragaillardi, je serai bientôt près de toi.

— Bien, fit l'autre ; et Jefim Tarassitsch poursuivit seul sa route, tandis qu'Élisée se dirigeait vers une des chaumières.

C'était une petite maisonnette en torchis, noirâtre vers le bas, plus claire vers le haut, et dont la terre grasse s'était détachée en plusieurs endroits. Le toit était découvert d'un côté.

L'entrée de cette hutte donnait sur la cour. Élisée y pénétra. Sur un tas de terre gisait un homme, un homme malade et décharné, sans barbe, la chemise rentrée dans la culotte, comme c'est l'usage chez les Petits-Russiens. L'homme s'était évidemment jeté là, cherchant l'ombre, puis le soleil était venu le frapper de ses brûlants rayons. Et il restait là, couché, les yeux grands ouverts. Élisée l'interpella, lui demandant à boire. L'homme ne répondit pas.

— Ou malade, ou le cœur dur, pensa Élisée, et il se dirigea vers la porte.

De l'intérieur, un duo de hurlements d'enfants vint frapper son oreille. La main sur le loquet, il heurta à la porte.

— Eh ! l'hôte !

Pas de réponse. Frappant de nouveau avec son bâton :

— Pères Baptisés !

Aucun signe de vie.

— Serviteurs de Dieu !

Point de réponse.

Sur le point de s'éloigner de cette porte inhospitalière, il entend derrière elle des sons plaintifs, comme un douloureux gémissement.

— Serait-il survenu là-dedans un malheur ? Il me faut cependant voir.

Et Élisée se décida promptement à entrer dans la cabane.

IV

Il tourna l'anneau du loquet. La porte s'ouvrit.

Élisée pénétra dans un étroit vestibule. La porte de la chambre était seulement poussée, il l'ouvrit. A gauche du poêle, vis-à-vis de la porte, la place d'honneur ; là, dans le coin, une table, et au-dessus les images de dévotion, les saints russes ; devant la table, un banc ; sur le banc, vêtue seulement d'une chemise, une vieille femme, sa tête nue reposant sur la table ; assis, à côté de la vieille, un garçonnet que l'on aurait pris pour un objet en cire, mais le corps enflé ; il tirait la femme par la manche, criait lamentablement en demandant visiblement quelque chose.

Élisée demeurait pétrifié sur le seuil. Une atmosphère oppressante et une mauvaise odeur emplissaient la cabane. Il s'avança, et aperçut, qui gisait étendue derrière le poêle, une femme, le visage contre terre, râlant doucement, avançant tantôt un pied, puis le retirant bientôt. Puis elle se jetait de côté, et la mauvaise odeur partait de là. Certainement, la malheureuse est dangereusement malade, et personne ne s'occupe d'elle.

Enfin la vieille leva la tête et vit le visiteur.

— Que viens-tu faire ici, étranger ? demanda-t-elle avec humeur.

— Que veux-tu de nous, homme ? Nous n'avons absolument rien.

Élisée, pressentant la détresse de ces pauvres gens, s'avança doucement vers la vieille.

— Servante de Dieu, dit-il, je suis venu ici pour demander à boire.

— Nous n'avons personne pour nous apporter de l'eau. Nous n'avons absolument rien à te donner. Passe ton chemin.

Élisée ajouta :

— Dites-moi donc, bonne âme, n'avez-vous personne de bien portant dans la maison ? Qui soigne donc la malade ?

— Je te dis que nous n'avons personne.

Notre homme se meurt là dehors, et ici nous mourons aussi.

Le jeune garçon qui s'était tu à la vue de l'étranger recommença à crier et à se lamenter, maintenant que la vieille s'était mise à parler ; il la tiraillait par sa manche, demandant d'une voix à déchirer le cœur :

— Du pain, petite grand'mère, donne-moi une bouchée de pain à manger.

Élisée allait faire encore une question à la vieille, lorsque le paysan entra en chancelant, en se tenant à la muraille ; il voulut s'asseoir sur le banc, mais il le manqua et tomba lourdement sur le sol. Sans faire le moindre effort pour se relever, il voulut parler, mais il ne réussit qu'à produire des sons inarticulés, forcé à chaque instant de reprendre sa respiration pour dire un mot.

— La maladie, murmura-t-il, nous a surpris au milieu de la famine. Regarde, la faim emporte celui-là, et du doigt, en pleurant, il désigna le petit.

Élisée enleva vivement son sac de voyage de ses épaules, retroussa ses manches, posa le sac sur le banc et l'ouvrit. Sortant une miche et un couteau, il coupa un gros morceau de pain et le tendit au paysan. Toutefois, celui-ci le refusa, en montrant le petit garçon et sa petite sœur.

— Occupe-toi seulement des enfants !

Élisée donna le morceau au petit criard. L'enfant, flairant le pain, s'allongea, saisit le morceau des deux mains, et le dévora avec une sorte de frénésie.

Alors, une petite fille, sortant de dessous la banquette du poêle, se traîna devant Élisée ; à elle aussi il donna un morceau de pain. Puis il en coupa de sa miche pour la vieille et pour le paysan. La femme reçut sa part en le remerciant et se mit avidement à le manger.

— De l'eau, dit-elle, nous serait aussi bien nécessaire ; ma gorge est comme brûlée. Je voulais, poursuivit-elle, hier ou aujourd'hui, je ne sais plus quand, aller chercher de l'eau pour nous. Je suis parvenue à la puiser, mais non à la rapporter ; tout a été répandu, et moi-même je suis tombée dans la poussière. Avec grand'peine, j'ai réussi à me traîner ici en rampant. La corde aussi est restée là-bas, si quelqu'un ne l'a pas emportée.

Élisée s'informa où se trouvait le puits. La vieille le renseigna. Il y alla, trouva la corde, rapporta de l'eau et étancha la soif des malheureux. Les enfants mangèrent encore du pain avec leur eau.

La femme ne quitta point sa couche, elle n'avait point sa connaissance, et elle se jetait, sans cesse, de droite et de gauche.

Élisée se hâta d'aller au village ; il acheta, dans une boutique, du millet, du sel, de la farine, du beurre et une petite cognée. Revenu avec ces divers objets, il prépara du petit bois et fit du feu dans le poêle ; la petite fille lui prêtait assistance. Élisée fit cuire une soupe et une bouillie et restaura tout le monde avec ce dîner réconfortant.

V

Le paysan mangea aussi un peu ; la vieille femme prit à son repas un véritable plaisir ; les enfants nettoyèrent brillamment leur écuelle et bientôt après, se tenant dans leurs petits bras, ils s'endormaient d'un doux sommeil.

Alors le paysan et la vieille se mirent à raconter comment ce malheur leur était arrivé.

— Même auparavant, disaient-ils, nous ne vivions guère sur un lit de roses, et cette année nos champs n'ont donné aucune récolte ; de sorte qu'il nous fallut en automne attaquer nos épargnes, nous servir de tout. Quand tout eut été dévoré, nous allâmes mendier chez des voisins ou des personnes charitables. Au commencement on nous donnait volontiers, plus tard les portes se fermèrent impitoyablement. Les riches eux-mêmes étaient tombés dans la misère. Demander nous devenait chaque jour plus difficile, partout nous avions des dettes, ici de la farine, là du pain. En vain, je me donnais mille peines pour chercher du travail, ajouta le paysan, nulle part il n'y en avait. Partout on s'offrait à travailler pour du pain. La vieille et la petite allaient mendier au loin, mais partout, à cause de la disette, on manquait du strict nécessaire.

Néanmoins nous trainions ainsi cette lamentable existence, espérant lutter jusqu'à la récolte. A l'arrivée du printemps, les aumônes cessèrent complètement, et en même temps surgit la funeste maladie qui nous a cloués là.

« Nous eûmes tous à souffrir cruellement. Un jour nous avions un peu à manger, pendant deux autres jours, il fallait souffrir la faim. Dès lors nous commençâmes à nous nourrir d'herbes. Soit du fait de cette nourriture, soit pour toute autre cause, ma femme fut prise de cette horrible maladie. Elle ne pouvait plus se lever, et moi aussi, les forces commencèrent à m'abandonner.

« Pour nous sortir de cette détresse, tout nous faisait défaut.

« — Moi seule, reprit la vieille, je continuai à

combattre la misère, usant mes dernières forces, sans nourriture, sans espérance. Je devins percluse, la petite aussi devint comme une ombre, tremblant et grelottant. Je voulais envoyer l'enfant chez des voisins, elle résistait. Cachée dans un coin, elle ne voulait plus sortir. Avant-hier, une de nos voisines est venue ; elle reconnut que la maladie et la faim étaient domiciliées ici, elle s'en retourna promptement. Son mari l'a quittée, l'abandonnant avec ses enfants dans une écrasante misère. Aussi nous restions là sans espoir, attendant la mort... »

En écoutant ce récit à briser le cœur, Élisée abandonna l'idée de rejoindre son compagnon dès le lendemain ; il s'était promptement décidé à demeurer pour la nuit. Le lendemain, il se leva de bonne heure, se mettant tout de suite à l'ouvrage comme s'il eût été le maître de la maison. Il délaya la pâte avec la vieille et alluma le poêle. Il alla ensuite avec la petite fille chez les voisins, s'occupant de réunir ce qui était immédiatement nécessaire.

— Que manque-t-il à ces gens-là ?
— Tout : la dernière chose a été épuisée ; il

n'y a rien dans le ménage, pas un vêtement sur le corps.

Élisée allait de maison en maison, sans se rebuter, recueillir ce qu'il pouvait ; tantôt il se le procurait de ses mains, tantôt de sa bourse. C'est ainsi que se passa, dans cet endroit, une journée, et puis deux, enfin une troisième.

Le garçonnet recouvrait ses joues roses, gambadant sur le banc, se pendant, carrossant après Élisée.

La fillette, redevenue alerte et gaie, aidait bravement à tous les arrangements du ménage ; le petit monde courait toujours derrière Élisée en lui tendant les bras et en l'appelant: « Petit oncle. »

La vieille avait retrouvé ses jambes, le paysan allait par la maison se tenant aux murs. Il n'y avait que la femme qui restait couchée ; mais le troisième jour, elle recouvra la connaissance et réclama à manger.

— Mon Dieu, se dit Élisée, comment aurais-je pu penser que je resterais ici aussi longtemps ! Maintenant il faut que je m'en aille.

VI

Le quatrième jour était un jour de fête et Élisée pensa : « Je vais encore passer cette fête avec ces gens-là, je leur achèterai une bagatelle à cette occasion et vers le soir je me mettrai en route. »

Élisée retourna au village, où il fit emplète de lait, de farine, de saindoux. Il se mit ensuite à cuisiner et à cuire avec la vieille. Le matin de la fête, Élisée alla à la messe de bonne heure, puis revint à la maison et se mit à table avec les pauvres gens. La femme était aussi debout, s'essayant à aller et à venir. Le paysan s'était rasé soigneusement et avait mis une chemise propre, — la vieille l'avait lavée, — puis il s'était rendu au village chez un riche paysan pour implorer sa charité et sa miséricorde. Il avait engagé, chez ce riche paysan, de la terre et de la fauchée, c'est pourquoi le pauvre homme était allé lui demander s'il ne pourrait lui abandonner terre et fauchée, jusqu'à la prochaine récolte. Vers le soir il rentra de sa pénible course ; il revint aux siens abattu, et commença à pleurer amèrement. Le riche paysan n'avait montré aucune pitié, se bornant à répondre rudement : « Apporte-moi l'argent ! »

De nouveau, l'angoisse reprit Élisée ; comment ces gens-là vont-ils faire pour vivre ? Les autres vont déjà aux foins, et eux, ils n'ont rien. Le blé est bientôt mûr ; et elle porte des fruits précieux, cette année, la terre maternelle, et eux, ils n'ont rien à récolter ; et c'est vainement qu'ils tenteraient d'apitoyer le riche cultivateur. Si je les abandonnais aujourd'hui, ils seraient bientôt retombés dans la plus affreuse détresse.

Élisée s'assit, songeur, se cassant la tête au sujet des chers pauvres, et il ne partit pas, restant encore là, la nuit. Il chercha dans la cour un coin où camper, fit sa prière, se coucha, mais sans que le sommeil vînt le trouver ; d'un côté il se sentait sollicité à se mettre en route, il avait déjà dépensé ici beaucoup trop de temps et d'argent, de l'autre, ces pauvres gens le préoccupaient.

— Tu ne peux pourtant pas soulager toutes les détresses. Tu voulais seulement partager entre eux un morceau de pain, et qu'est-il advenu ? Maintenant il s'agit déjà de dégager la fauchée et le champ. Puis, ensuite, il faudra une vache pour la femme et les enfants, un cheval pour le paysan. Tu t'es laissé entrainer, frère Élisée Kusmitsh.

Élisée se releva, déplia le kaftan qui était sous sa tête, le secoua, en sortit sa tabatière, et y prit une prise pour éclaircir ses idées ; mais c'est en vain qu'il médita, il ne trouva rien de bien.

Il lui fallait se mettre en route, et ces pauvres gens se désolaient de son départ. Il ne savait par quel bout commencer. Il finit par rouler de nouveau le kaftan, s'en fit un oreiller et se jeta sur sa couche. Il resta là plusieurs heures sans pouvoir prendre un instant de repos, jusqu'à ce que les coqs chantèrent. Seulement alors il tomba dans un léger sommeil. Puis tout à coup, il sursauta comme si quelqu'un l'avait réveillé. Il rêvait qu'il était tout habillé, prêt à partir avec son sac et son bâton, et il voulait franchir la porte ; mais celle-ci, seulement entr'ouverte, pouvait à peine livrer passage à un homme. Il reste accroché par son sac, et il s'efforce de se dégager, mais il est pris de l'autre côté par une des bandelettes qui maintiennent sa chaussure ; en s'efforçant de reprendre sa liberté, que voit-il ? Ce n'est pas la porte qui le retient, mais bien la petite fille, qui se cramponne à lui en criant : « Oncle, petit oncle, encore du pain ! » Et comme il regarde à ses pieds, il reconnaît le petit garçon qui le retient par sa chaussure.

Par la fenêtre le paysan et la vieille le regardaient...

Élisée se réveilla, et se parlant à haute voix :
— Je veux dégager cette fauchée et le champ, je veux aussi acheter un cheval au paysan et une vache pour les enfants. Sans cela je voyagerais bien au-delà des mers à la poursuite du Christ, que je le perdrais dans mon âme.

Il me faut aider ces gens-là. Sur ce, Élisée se rendormit profondément et se reposa jusqu'au matin. A la première heure il se leva, se rendit chez le riche paysan, racheta le champ de seigle et donna aussi de l'argent pour la fauchée. En outre, il acheta une faux, celle-ci, aussi, qui avait été vendue dans la détresse, et il la rapporta à la maison. Il envoya le paysan faucher lui-même, courut à l'aventure parmi les gens du village : il trouva chez le cabaretier un petit cheval vigoureux et une voiture à bon marché, puis il chercha à se procurer une vache. Comme il allait sur la route, il rejoignit deux jeunes filles de l'endroit ; elles marchaient lentement et causaient gaîment. Élisée entendit qu'il faisait le sujet de leur babillage ; l'une des femmes racontait à l'autre : « Au commencement ils ne savaient pas quelle espèce d'homme ce pouvait être ; et ils pensaient que ce n'était qu'un pèlerin ordinaire. Il les a rachetés de tout, et aujourd'hui je l'ai vu moi-même comme il faisait marché avec le cabaretier pour un cheval et une voiture. Il y a donc de pareils hommes dans ce monde ? Allons donc, nous pourrons le voir... »

Élisée entendit cela, comprit que l'on faisait sa louange ; il n'alla pas plus loin pour acheter la vache. Il retourna promptement chez le cabaretier, paya le prix d'achat de la voiture et du cheval, et se dirigea vers la cabane avec son acquisition.

Arrivé à la porte, il s'arrêta et descendit de voiture. Le paysan et les femmes ouvraient de grands yeux. La pensée leur vint bien que le cheval avait été acheté pour eux, mais ils n'osaient le laisser paraitre. Le paysan vint ouvrir la porte.

— Qu'as-tu donc en tête ? pourquoi ce petit cheval, mon petit oncle ?

— J'ai acheté le cheval, il était tout à fait bon marché. Aie bien soin qu'il ait pour la nuit du fourrage frais dans le coffret de la voiture.

Le paysan dételа le cheval, faucha une bottelée d'herbe, la mit dans le coffret. Élisée, lui, établit son campement sur la route, et quand tout le monde fut endormi profondément, il se leva, fit son paquet, enfila ses bottes, jeta son kaftan sur ses épaules, et se mit en route à la recherche de son frère Jefim Tarassitsch.

VII

Élisée avait franchi cinq verstes lorsque le jour commença à s'obscurcir. Il se mit dessous un arbre, défit son sac, et compta son argent de route. Il ne lui restait que dix-sept roubles et vingt kopecks.

— Ah! mon Dieu! fit-il en souriant tristement, ce n'est pas avec cela que je pourrai voguer au-delà des mers. M'en aller mendier pour l'amour du Christ chargerait mon âme de péchés et d'aigreurs. Le père Tarassitsch arrivera bien seul et il mettra un cierge pour moi. Le Seigneur est miséricordieux, il patientera bien encore jusqu'à ce que je m'acquitte de ma dette de pèlerinage.

Élisée se remit vivement en route vers son foyer; seulement il évita le village par un long détour, de crainte d'être aperçu par les gens. Et c'est avec une merveilleuse rapidité qu'il accomplit son long voyage. Au départ, il se traînait souvent péniblement derrière Jefim ; au retour, Dieu lui donnait une force merveilleuse. Si bien qu'il n'était plus question de fatigue.

En se jouant, il traversait les vastes espaces, agitant joyeusement son bâton de pèlerin et faisant ses soixante verstes par jour. Et enfin, tout en cheminant, il revit sa chaumière. Le grain avait déjà été rentré des champs. Les siens le reçurent avec la plus vive joie ; et ils commencèrent à l'interroger : Quoi et qu'est-ce? Pourquoi il avait quitté son compagnon ? Pourquoi n'a-t-il pas été plus loin ? Pourquoi était-il revenu sur ses pas ?...

Élisée ne se lança pas dans des réponses trop nettes.

— Ce n'était pas absolument la volonté de Dieu ; je suis demeuré en route à cause de mon argent, et resté loin derrière mon ami. En sorte que je n'ai pu poursuivre mon voyage. Que mes péchés me soient pardonnés pour l'amour du Christ.

Et il tendit à la vieille la petite somme qui lui restait. Puis il s'informa des affaires du ménage. Tout allait bien, les choses étaient dans le meilleur ordre, nulle part une négligence dans la maison, et tous vivaient dans l'union et la bonne intelligence.

Dès le même jour, les parents de Tarassitsch apprirent le retour d'Élisée, et ils s'empressèrent d'accourir, demandant des nouvelles de l'absent. Élisée leur fit la même réponse :

— Votre parent allait d'un pas alerte ; trois jours après la Saint-Pierre nous nous séparâmes ; je comptais le rejoindre plus tard, mais il me survint des aventures qui se mirent à la traverse ; mon argent fondait, il ne me restait rien pour payer le voyage, et j'ai préféré revenir au logis.

Tout le monde était surpris : Comment est-ce possible ? Un homme si avisé, et il aurait agi si follement ? Partir en pèlerinage, s'arrêter à moitié route, pour revenir ayant semé ce précieux argent ? On s'étonna un moment, puis on n'y pensa plus.

Élisée avait aussi oublié ; il accomplissait activement son labeur quotidien, il s'occupait avec son fils de la provision du bois pour l'hiver, battait le grain avec ses femmes, renouvelait le toit du hangar, préparait les ruches pour l'hivernage ; il donna dix ruches et leurs jeunes essaims au voisin.

Sa femme aurait volontiers dissimulé, parmi les ruches vendues, celles qui avaient cessé d'essaimer, mais Élisée savait au juste celles restées improductives, celles qui n'essaimaient plus, et il donna au voisin, au lieu de dix, dix-sept ruches d'abeilles.

Après avoir tout mis en ordre, il envoya son fils faire les acquisitions nécessaires, et s'installa pour l'hiver à tresser des chaussons de paille et à construire des maisonnettes pour les abeilles.

VIII

Pendant qu'Élisée était resté avec les affamés de la cabane, Jefim Tarassitsch avait attendu une journée entière son camarade. Il n'avait parcouru qu'une courte distance, puis il s'était arrêté. Il attendit, puis attendit encore, fit un petit somme, se réveilla, s'assit encore un peu, pas trace de l'ami ! Ses yeux n'y voyaient plus à force de regarder.

Déjà le soleil disparaissait derrière les cimes des arbres, et toujours pas d'Élisée.

— En fin de compte, il m'aura dépassé, songea-t-il, ou peut-être avait-il passé en voiture, recueilli par quelqu'un, sans regarder de mon côté, tandis que je dormais là. Cependant non, il aurait dû me voir ; dans la steppe on voit de loin. Faut-il m'en retourner, alors qu'il se hâte peut-être en avant de moi ? Nous nous perdrons complètement, et les choses iront au pire. Il vaut, cependant, mieux aller de l'avant ; et à la nuitée nous nous retrouverons bien.

Jefim arriva à un petit village ; là il pria le veilleur, si un homme âgé arrivait au village, de lui indiquer telle chaumière.

Cependant, Élisée ne vint pas ; Jefim continua, s'informant partout si l'on n'avait point vu un vieillard à tête chauve. Personne ne l'avait vu. Jefim ne savait ce qu'il devait penser ; et il pérégrinait solitaire.

— Quelque part, espérait-il en son for intérieur, nous finirons bien par nous retrouver, peut-être à Odessa, peut-être sur le navire, et il ne s'en préoccupa plus.

En route, il rencontra un pèlerin de la secte des *sans prêtre*, une ancienne secte de l'Église grecque. Ce *sans péché*, en capuchon et en chasuble, avec de longs cheveux flottant sur les épaules, avait déjà été sur le mont Athos, et allait encore une fois à Jérusalem. Ils s'étaient rencontrés à la couchée, s'étaient mis à bavarder, et ils firent route ensemble.

Ils arrivèrent à bon port à Odessa. Pendant trois jours, ils attendirent le navire. De pieux pèlerins, en grand nombre, attendaient également pour s'embarquer. Jefim chercha de nouveau Élisée ; personne ne l'avait vu.

Le pèlerin de la secte dissidente enseigna à Jefim la façon de faire la traversée sans bourse délier, mais Jefim Tarassitsch méprisa une pareille suggestion.

— J'aime encore mieux payer de mon argent, fit-il, c'est pourquoi je l'ai emporté.

Il paya quarante roubles d'argent pour son

aller et retour, et acheta du pain et des harengs pour son voyage en mer.

Le navire embarqua son chargement, et tous les pèlerins montèrent à bord. L'ancre fut levée, les amarres brassées, et, en avant, ils voguèrent sur les flots bleus.

Toute la journée, tout alla bien : vers le soir s'éleva un vent violent et du ciel tombèrent des torrents de pluie. Le navire commença à se balancer et de hautes vagues inondèrent le pont. Les passagers se jetaient anxieusement de côté et d'autre, les femmes poussaient des cris d'effroi, et beaucoup d'hommes peu courageux allaient d'un endroit à un autre, cherchant un abri sûr. Jefim aussi n'était pas rassuré, sans cependant le laisser paraître. Où il s'était installé, aussitôt après l'embarquement sur le pont, en compagnie de quelques vieillards de Fambou, il demeura pendant toute la nuit, et le jour chacun gardait son bien et restait silencieux. Le troisième jour, le vent tomba et le calme se rétablit. Le cinquième, le navire entrait dans le port de Constantinople. Maints pèlerins se firent débarquer et allèrent contempler le superbe temple de la sagesse divine, Sainte-Sophie, que les Turcs occupent aujourd'hui. Tarassitsch préféra rester à bord. Après quarante-huit heures passées à l'ancre, ils voguèrent de nouveau vers la haute mer.

Plus loin, ils firent escale dans le port de Smyrne et auprès d'une autre ville, Alexandrie, et enfin, après une longue traversée, le navire glissa dans la rade de Jaffa. Tous les pèlerins furent mis à terre près de Jaffa : de là soixante verstes à pied jusqu'à Jérusalem. Au débarquement, il y eut encore de rudes angoisses pour les poltrons : de la haute paroi du navire, les pèlerins étaient descendus dans un petit bateau; le petit bateau se balançait si bien qu'ils pouvaient craindre, non de tomber dans la coquille de noix, mais dans l'eau; deux hommes se mouillèrent; cependant tous parvinrent heureusement à terre. Dès à présent, on se sentait en terre sainte.

Tous les pèlerins se mirent en route ensemble. Au bout de quatre jours ils arrivèrent à Jérusalem. En dehors de la ville, à l'hôtellerie russe, ils trouvèrent un logis. On fit enregistrer les passeports, puis, après un repas, les pèlerins se rendirent aux saints Lieux. L'entrée au tombeau du Sauveur n'était pas encore ouverte. Ils allèrent alors à la messe au couvent des Patriarches, prièrent Dieu, et placèrent des cierges devant les saintes images.

Ensuite ils considérèrent du dehors la Résurrection, partie du temple où se trouve le tombeau du Christ. Tout le temple est tellement surchargé de constructions que l'on ne peut plus le voir. Puis, dans cette première journée, ils visitèrent la cellule de Marie l'Égyptienne, où celle-ci fit sa conversion.

Là aussi ils offrirent des cierges et récitèrent une prière d'actions de grâce. Ils auraient désiré entendre la grand'messe au sépulcre du Christ, mais ils arrivèrent trop tard. Aussi allèrent-ils dans le monastère d'Abraham, où ils virent le jardin de Saweka, l'emplacement où Abraham voulut faire son sacrifice. Ensuite ils allèrent à l'endroit où le Christ apparut à Marie-Madeleine, puis à l'église de Jacob. Le dissident leur désignait toutes les stations, et, à chacune, il savait exactement indiquer combien il fallait sacrifier d'argent, où il fallait placer des cierges. Enfin, ils retournèrent à leur hôtellerie.

Au moment où ils allaient se coucher, le dissident s'écria tout à coup en visitant ses vêtements, en retournant toutes ses poches :

— On m'a volé ma bourse avec tout mon argent, vingt-cinq roubles : deux billets de dix roubles, le reste en petite monnaie, dit-il à Jefim en lui confiant sa détresse.

Longtemps il se plaignit, et enfin il se coucha.

IX

Jefim restait éveillé dans son lit, tourmenté par un méchant soupçon : « Comment lui aurait-on filouté son argent, car il n'en avait pas? Nulle part il n'a financé; il m'a toujours enseigné avec soin ce que j'avais à débourser, mais lui n'a jamais rien donné, et a bien su m'emprunter un rouble! » Jefim, l'homme d'honneur, grommela ainsi quelque temps, jusqu'à ce qu'il se fît

à ce propos d'amers reproches : « Il me sied bien
de le juger, je ne fais qu'amasser des péchés
sur ma tête ; je ne veux plus y penser. » Cependant, à peine avait-il donné un autre cours à ses
pensées, le même soupçon lui revenait en tête.
« Dieu sait, songea-t-il de nouveau, l'homme
n'a certes jamais eu l'argent, tout cela n'est que
de la poudre aux yeux... »

Le lendemain matin, tous étaient debout de
bonne heure ; ils allèrent à la messe au grand
temple de la Résurrection, au tombeau du Seigneur, et le dissident s'attachait toujours à
Jefim.

Ils entrèrent dans la maison de Dieu. De dévots, de pieux pèlerins de toutes les nations,
Russes, Grecs, Arméniens, Turcs, Syriens et
beaucoup d'autres se pressaient en multitude
considérable. Avec beaucoup d'autres, Jefim pénétra par la porte sainte, puis, en face du corps
de garde turc, il vit le lieu où le Rédempteur fut
descendu de la croix et oint d'aromates ; là sont
suspendus neuf lustres de dimensions colossales dont les cierges répandent dans l'espace
des flots de lumière. Jefim mit là un cierge. Le

dissident, lui faisant gravir quelques marches sur la droite, le conduisit à la station du Golgotha, où fut élevée la croix du Christ; en cet endroit, Jefim demeura un instant en profonde adoration. Après, on lui montra aussi la déchirure du sol où la terre avait tremblé, ouvrant les tombeaux d'où les corps des saints avaient surgi : plus loin, l'endroit où les pieds et les mains du Sauveur avaient été cloués à la croix. Enfin le tombeau même d'Adam. Ils arrivèrent à la pierre où le Christ s'était assis, alors qu'on lui enfonçait la couronne d'épines sur la tête, et à la colonne à laquelle le Seigneur avait été lié, tandis qu'on le flagellait. Jefim vit aussi une pierre avec deux empreintes, on lui apprit que les pieds du Sauveur s'y étaient posés.

On voulait lui montrer encore maintes stations saintes, mais la foule l'entraînait; tout entière elle roulait maintenant vers la grotte où se trouve le sépulcre du Seigneur. On venait d'y terminer un service religieux d'une croyance étrangère et on commençait la messe des orthodoxes. Jefim se porta avec tout le peuple vers la grotte.

Il chercha de nouveau à se séparer du dissident, péchant toujours par pensée; mais cet homme indiscret ne le quittait pas, et il le suivit partout, au service divin, au tombeau du Seigneur. Là, ils voulurent s'approcher, mais d'autres les précédèrent. On était si étroitement pressé par la foule, que l'on ne pouvait faire un pas en avant ou en arrière. Jefim était au beau milieu, regardant devant lui, marmottant ses prières, et il ne pouvait s'empêcher de tâter sa poche pour surveiller sa bourse.

X

Jefim est là, debout, priant tranquillement et regardant devant lui, les yeux fixés sur le saint lieu où le Seigneur a été mis au tombeau, et où, aujourd'hui, trente-six lampes jettent une brillante lumière. Il est là, recueilli, regardant par-dessus les têtes. Dieu, quelle merveille!

Droit sous les lampes, en avant de tous ceux

qui prient, il y a un vieillard en kaftan grossier, drap de paysan, et sa tête, entièrement chauve, est d'un brillant poli, tout comme celle d'Élisée Bodrow.

— Par trop ressemblant au vieil Élisée, pense-t-il à part lui, mais impossible que ce soit lui. Comment serait-il arrivé avant moi? Le navire qui nous a précédés était parti une semaine entière plus tôt. Il ne pouvait cependant pas être parvenu si vite à Odessa. Bien certainement il n'était pas sur notre bâtiment. J'ai examiné soigneusement tous les pèlerins.

Pendant que Jefim réfléchissait, le vieillard avait commencé à prier; il se courba profondément par trois fois : la première en face de lui, devant Dieu, ensuite vers l'ensemble des orthodoxes, des deux côtés. Et comme le vieillard tournait sa tête vers la droite, Jefim le reconnut instantanément. Merveille divine! le vieux Bodrow en chair et en os! la barbe foncée grisonnant sur les joues, les sourcils, les yeux, le nez, le visage entier, qu'il connaissait si bien; aucun doute, c'était Élisée Bodrow.

Une joie vive éclaira le visage du vieillard en

retrouvant son vieux frère, et il fut saisi d'étonnement, se demandant comment Élisée s'y était pris pour arriver avant lui.

— Bon, bon, mon vieux camarade, murmura-t-il, te voilà bien là-bas, tu as su trouver un bon guide. A la sortie, je te pincerai, mon vieux, et je lâcherai mon dissident. Désormais, je pérégrinerai avec toi, Élisée, et tu sauras bien me guider aux saintes stations.

Jefim ne perdit pas Élisée des yeux. La messe se termina, la foule se mit en mouvement, tous se pressaient, pour embrasser la croix, la poussée se faisait plus brutale, Jefim se vit refoulé de côté. Et de nouveau l'angoisse le prit qu'on lui volât sa bourse. Il pressa sa main contre sa poche et s'efforça de se dégager, luttant de toutes ses forces pour sortir.

Ayant gagné le dehors, il alla devant le temple, cherchant fiévreusement son Élisée. Il attendit longtemps, passant tout le monde en revue, mais il ne put découvrir son ami.

Enfin, fatigué de ce manège, il s'en fut pour chercher dans les hôtelleries où Élisée Bodrow avait passé la nuit.

Partout il dut s'en retourner sans avoir découvert le vieux.

Le même jour, le dissident avait disparu et le rouble avec lui.

Le lendemain, Jefim retourna au tombeau du Seigneur, cette fois avec un des vieillards de Tambow qu'il avait connu sur le navire. Il chercha à pénétrer en avant, mais il fut encore poussé de côté ; là, il s'appuya à une colonne et commença à prier. Alors il regarda autour de lui, et, de nouveau, il aperçoit là-bas, sous les lampes, droit devant le tombeau du Seigneur, à l'endroit le plus sanctifié, le vieil Élisée : les bras étendus, semblable à un prêtre bénissant devant l'autel, il était là et une belle clarté environnait sa tête dénudée.

— Halte là ! se dit Jefim, aujourd'hui certainement je ne le laisserai pas partir.

Et de nouveau il combattit bravement pour avancer. En reprenant haleine, il regarda : Élisée n'était plus là !

Le troisième jour également, Jefim va à la messe, de nouveau qu'aperçoit-il? Élisée, debout au très saint lieu, à la vue de tous, les bras étendus et regardant en haut comme s'il contemplait quelque chose au-dessus de lui. Et une singulière lumière se joue autour de la tête du vieillard.

— Halte là! se dit rageusement Jefim, aujourd'hui je le pincerai, je monterai la garde à sa porte. Cette fois, nous ne nous manquerons pas.

Jefim sortit, attendant encore après que tout le monde eût passé devant lui. Mais Élisée n'était point parmi eux.

Jefim passa six semaines à Jérusalem et visita tous les saints lieux. Il vit Bethléem, Béthanie, le fleuve du Jourdain; il fit, au tombeau du Seigneur, imprimer le saint signe sur une chemise neuve, pour être plus tard enseveli avec; il prit aussi un verre de l'eau du Jourdain, un peu de terre sainte, enfin une quantité de cierges bénis, dépensa beaucoup d'argent pour des objets de sainteté et dut enfin songer à retourner chez lui avec tout juste ce qu'il lui fallait d'argent pour cela. Il s'empressa de se rendre à Jaffa, s'embarqua, parvint à bon port à Odessa, et retourna pédestrement dans son cher village.

XI

De nouveau, Jefim dut traverser seul les vastes espaces. Plus il approchait de chez lui, plus s'imposait son ancien souci : « Comment avait-on fait à sa maison sans lui ? En une année, murmurait-il, beaucoup d'eau passe sous le pont. Il faut toute une vie pour fonder une maison, et bien peu de temps suffit pour la détruire. » Comment le fils avait-il géré en son absence, comment s'était présenté le printemps, comment le bétail avait-il passé l'hiver, la nouvelle maison était-elle solidement bâtie ?...

Jefim traversa de nouveau le pays où, l'année précédente, il avait perdu Élisée.

La population n'était pas reconnaissable. Où, l'année dernière, régnaient la désolation et la misère, tout vivait, cette année, dans un bien-être satisfait.

Les champs avaient porté une riche moisson. La population se trouvait de nouveau dans l'aisance, et les souffrances passées étaient oubliées.

Un beau soir, Jefim s'approcha du petit endroit même où, l'année précédente, était resté Élisée.

A peine était-il entré dans le village qu'une accorte petite fille, en chemise blanche, sortit de derrière une maisonnette :

— Oncle, petit oncle, viens donc chez nous!

Jefim voulait passer outre, mais la petite fille ne voulait pas le laisser aller, elle se cramponna à ses vêtements et le conduisit vers la cabane en riant.

Là, parut sur la porte, une femme avec un petit garçon, et elle commença aussi à lui faire signe :

— Entre donc un moment chez nous, grand-père, tu vas souper avec nous et aussi passer la nuit.

Jefim céda à l'amicale invitation.

— C'est bon, pensa-t-il, il faut pourtant m'informer s'ils savent quelque chose d'Élisée ; si je ne me trompe, c'est ici la maison même où il est entré pour étancher sa soif.

Jefim entra dans la chaumière, la femme l'aida à se débarrasser de son sac, lui présenta de l'eau pour se laver, lui offrit la place d'honneur à table. Elle alla chercher du lait, des petits piroggis, de la bouillie de miel, plaça le tout sur la table.

Tarassitsch la remercia de tout cœur de l'accueil fait au pèlerin.

Mais la femme secoua la tête en se défendant.

— Nous ne pourrions faire autrement, dit-elle, que d'accueillir amicalement les pèlerins. C'est d'un pèlerin que nous avons appris à connaitre la vraie vie. Nous passions nos jours dans l'oubli de Dieu, et abîmés dans le péché. Alors Dieu nous punit si durement que nous n'attendions que la mort. Nous étions tombés dans une telle misère que nous n'avions plus une miette de pain à manger, et que nous étions étendus là, râlant sur la terre, attendant la mort. Dieu nous envoya un sauveur, un aimable vieillard comme toi, et qui te ressemblait. Il était midi. Il entra, demanda un peu d'eau, et quand il vit notre détresse, il eut si grande pitié de nous qu'il ne put repartir.

Il nous donna à boire et à manger, il nous réconforta, il retira notre bien des griffes du Juif, il acheta une voiture, un cheval, et il partit sans dire un mot ; nous ne savons pas le moins du monde pour qui nous devons prier Dieu.

Une vieille femme entra dans la chambre et interrompit celle qui parlait :

— En vérité, nous ne savons si c'était un homme, ou un ange de Dieu. J'étais là, attendant la mort, lorsque je vis un petit vieillard, un homme tout ordinaire, chauve, qui entra ici et demanda de l'eau. Moi, pauvre pécheresse, je murmurais : « Que vient faire ici ce mendiant ? » Et lui, le saint homme, dès qu'il connut notre misère, se débarrassa aussitôt de son sac de voyage, le posa ici et l'ouvrit.

La petite fille vint en babillant placer son mot :

— Non, fit-elle, ce n'est pas comme cela ; d'abord il a posé le sac par terre au milieu de la chambre, et ensuite il l'a repris et mis sur le banc.

Et elles rivalisèrent ainsi pendant un instant à retracer les paroles et les actes du noble bienfaiteur ; elles montraient la place où il s'était assis au milieu d'eux, où il dormait, ce qu'il avait dit à celui-ci ou à celui-là.

8.

Le paysan rentra le soir, sa carriole traînée par le petit cheval laissé par Élisée, et il commença aussi à raconter sur l'homme de Dieu qui leur avait fait tant de bien.

— S'il n'était pas venu à nous, nous serions tous partis là-bas en état de péché... nous serions morts dans le plus amer désespoir, maudissant Dieu et les hommes ; il nous a remis dans le bon chemin par l'amour ; par lui, nous avons reconnu les voies de Dieu, et repris la croyance à des hommes bons. Que pour cela le Christ le bénisse et donne à son âme le royaume céleste ! Avant cela nous vivions semblables à du stupide bétail, il a fait de nous des hommes.

Après que les braves gens eurent réconforté Jefim en le faisant manger et boire, ils lui offrirent leur meilleur lit pour la nuit et se couchèrent ensuite.

Jefim s'étendit songeur, le sommeil fuit ses paupières : le vieil Élisée ne lui sortait pas de la pensée, tel qu'il l'avait vu à Jérusalem, trois fois successivement, toujours à la place la plus éminente. C'est de cette façon, se disait-il, qu'il m'a dépassé ! Que mon sacrifice ait été accepté ou non, c'est très douteux, mais Dieu a certainement accepté le sien.

Le lendemain il prit congé de ses hôtes.

XII

Jefim avait passé une année entière à l'étranger. Au printemps il se retrouvait tout près de sa demeure.

Un soir il arriva au logis, son fils n'y était pas, il était au cabaret. Il rentra en chancelant complètement ivre.

Jefim s'empressa de lui poser de nombreuses questions, il en ressortit que le gai buveur avait dilapidé le ménage en l'absence du père, les affaires étaient complètement négligées, et le genre de vie qu'il avait adopté avait absorbé tout l'argent.

Tarassitsch commença à laver la tête à ce dénaturé fils, celui-ci répliqua avec une insolente grossièreté.

— Tu aurais dû toi-même rester à la maison

au lieu d'aller te promener en flanant, riposta le pêcheur endurci, mais tu t'en vas gaiment voyager au loin, en emportant avec toi tout l'argent, et maintenant tu viens m'en réclamer !

La colère emporta le vieillard et il donna un soufflet à son fils.

Le lendemain matin Jefim se rendit chez l'ancien, lui remettre son passe-port ; puis il arriva devant la maison d'Élisée.

La vieille femme de celui-ci, occupée sur l'escalier, lui donna un bonjour amical.

— Bonjour, compère, fit-elle en souriant doucement, as-tu fait ton long pèlerinage en bonne santé ?

Jefim Tarassitsch s'arrêta.

— Dieu soit loué et béni, répondit-il, la bonne santé ne m'a point quitté, mais c'est ton vieux que j'ai perdu en route, et j'apprends que depuis longtemps il est ici.

C'était pour la vieille de l'eau sur le moulin, le bavardage était la joie de son cœur.

— Oui dà, il est à la maison, dit-elle, il est depuis longtemps de retour, celui qui nous nourrit. Je crois que c'était le jour de l'Assomption. Quelle allégresse et quelle joie à la maison que Dieu nous l'ait ramené! c'était réellement trop triste sans lui. Le travail de ses mains n'est pas une merveille, les bonnes années sont passées. Mais sa tête vaut de l'or, et c'est lui qui fait notre joie. Notre jeune homme était comme fou de joie. « Sans le père, dit-il, c'est comme si je ne voyais pas la lumière du jour. » Partout il nous manque; nous restons les affligés, comptant les jours et les heures, jusqu'à celle de son retour attendu.

— Dis donc, petite mère, est-il maintenant à la maison?

— Il y est, cher ami, dans le jardin aux abeilles, occupé à faire rentrer un essaim. Une merveilleuse année pour les essaims, dit-il. Dieu a mis aux abeilles une telle vigueur, que mon vieux ne se souvient point d'avoir jamais vu pareille chose. Nous n'avons cependant point mérité, nous pécheurs, que Dieu nous bénisse ainsi. Entre un peu, notre ami; quels yeux va faire notre vieux!

Jefim traversa le vestibule, puis la petite cour, pour aller au jardin d'Élisée. Et là, que voit-il? Élisée debout sans coiffure protectrice, sans gant, dans son vieux kaftan sous un bouleau. — Ses bras étendus, il regarde en haut, — et une lueur singulière se joue sur sa tête chauve, exactement comme naguère à Jérusalem, au tombeau de Notre-Seigneur.

Au-dessus de lui, lui remémorant également Jérusalem, les rayons du soleil papillotent en cent petites flammes à travers la claire feuillée, et autour de sa tête, de petites abeilles aux ailes d'or lui formant une couronne, bourdonnant çà et là sans le piquer.

Frappé d'étonnement, Jefim demeura immobile.

Alors la femme d'Élisée appela son mari par son nom.

— Regarde donc, ton compère est revenu !

Élisée se retourna, et une joie vive illumina son regard ; vivement il vint à la rencontre du vieil ami, chassant doucement les abeilles de sa barbe.

— Bonjour, cousin, bonjour, cher homme... Tout s'est-il bien passé ?

— Les pieds ont bien marché ! j'ai rapporté pour toi une bouteille d'eau du Jourdain.

TROIS FAÇONS DE MOURIR

I

'était en automne.

Sur la route, deux voitures roulaient au grand trot.

Dans la première, étaient assises deux femmes. L'une, la maîtresse, était maigre et pâle. L'autre, la femme de chambre, avait de brillantes joues rouges.

Des cheveux courts et noirs apparaissaient sous son chapeau fané, et sa main, sous le gant déchiré, les remettait de temps en temps en place.

Un châle au crochet enveloppait sa poitrine;

et ses yeux, vifs et noirs, tantôt suivaient, à travers la portière, les champs rapidement traversés, tantôt se tournaient timidement vers sa maîtresse, ou fouillaient tous les coins de la voiture.

Devant le nez de la femme de chambre se balançait, attaché au filet de la voiture, le chapeau de la maîtresse ; un petit chien était couché sur ses genoux, et ses pieds reposaient sur des caisses placées au fond de la voiture et que l'on entendait ballotter, tandis que les ressorts craquaient sous les cahots, et que les portières cliquetaient.

Les mains croisées sur les genoux, les yeux fermés, la maîtresse s'appuyait légèrement sur les coussins placés derrière elle, et, fronçant un peu le sourcil, elle toussa, d'une toux qu'elle cherchait à retenir. Elle avait la tête couverte d'un bonnet de nuit et un foulard bleu était noué autour de son cou délicat et blanc. Une raie droite, qui se perdait sous le bonnet, séparait ses cheveux, blonds, pommadés et singulièrement lisses, qui retombaient en bandeaux plats le long de son visage pâle et émacié.

Une peau un peu jaune, fanée, n'adhérant pas avec fermeté aux pommettes du visage, rougissait aux joues et aux mâchoires. La bouche était mince et inquiète ; les cils, clairsemés, ne frisaient pas, et le manteau de voyage en laine faisait des plis droits sur la poitrine rentrée.

Il y avait, empreintes sur le visage de la dame, de la fatigue, de la névrosité et une souffrance habituelle.

Le domestique sommeillait, les coudes appuyés sur le siège, et le postillon conduisait, en l'excitant habilement, son vigoureux attelage de quatre chevaux couverts de sueur ; il se retournait de temps en temps vers le deuxième postillon, qui conduisait la calèche derrière lui, en animant ses chevaux par ses cris.

De larges ornières parallèles s'étendaient en avant, creusées dans la boue calcaire de la route. Le ciel était gris et froid, et un brouillard humide tombait sur les champs et sur le chemin. Dans la voiture, l'air était étouffant et on sentait l'eau de Cologne et la poussière.

9

La malade pencha sa tête en arrière et ouvrit lentement les yeux. Ses grands yeux jetaient un éclat clair et étaient d'un superbe ton foncé.

— Encore ! dit-elle, en repoussant de sa main amaigrie et d'un mouvement nerveux le bout du manteau de la femme de chambre qui venait d'effleurer ses pieds, et sa bouche se tira douloureusement.

Matrescha ramassa à deux mains les pans de son manteau, se souleva sur ses pieds vigoureux et s'assit plus loin. Son frais visage se couvrit d'une vive rougeur.

Les beaux yeux sombres de la maîtresse suivaient anxieusement les mouvements de la femme de chambre. Elle voulut s'appuyer de ses deux mains sur le siège pour se soulever et s'asseoir un peu plus haut, mais les forces lui manquèrent. Sa bouche se crispa, et sur son visage s'imprima une expression d'impuissante, de mauvaise ironie.

— Si seulement tu m'aidais !... Ah ! ce n'est pas la peine ! J'arriverai bien seule... ne mets seulement pas tes sacs derrière moi... Aie l'obligeance de ne plus me toucher, et si tu ne comprends pas...

La dame ferma les yeux, mais, relevant aussitôt ses paupières, elle regarda sa femme de chambre. Matrescha la regarda en même temps et se mordit la lèvre inférieure.

Un profond soupir s'échappa de la poitrine de la malade, mais, avant d'être complètement exhalé, il se transforma en une quinte de toux. Elle se détourna, fronça le sourcil, et porta ses deux mains à sa poitrine. La quinte une fois passée, elle ferma de nouveau les yeux et demeura immobile.

La voiture et la calèche entrèrent dans un village. Matrescha sortit son bras rond de dessous son châle et fit un signe de croix.

— Qu'est-ce que c'est? demanda la maîtresse.

— Un relai, Madame!

— Alors pourquoi ce signe de croix?

— Il y a une église, Madame!

La malade se tourna vers la portière et commença à faire lentement un signe de croix, tandis qu'elle considérait de ses grands yeux l'église du village, que contournait la voiture.

La voiture et la calèche qui suivait s'arrêtèrent toutes deux devant le bâtiment de la poste. Le mari de la dame malade, ainsi que le médecin, descendirent de la calèche, et tous deux se dirigèrent vers la voiture.

— Comment vous trouvez-vous? demanda le médecin, en lui tâtant le pouls.

— Eh bien! comment vas-tu, chérie? Ne te sens-tu pas fatiguée? fit le mari en français. Veux-tu descendre un instant?

Matrescha avait rassemblé les paquets et elle s'était reculée dans un coin pour ne pas déranger l'entretien.

— Comme cela... c'est toujours la même chose, répondit la malade. Je ne veux pas descendre.

Après être resté un instant près de la voiture, le mari entra dans le bâtiment de la station. Matrescha sauta de la voiture et courut à travers la boue sur la pointe des pieds pour gagner la porte d'entrée.

— Parce que je ne me sens pas bien, ce n'est pas une raison pour que vous ne déjeuniez pas, dit la malade en souriant au médecin, qui était resté à la portière de la voiture.

— Personne ne songe à moi, se dit-elle, pendant que le médecin s'éloignait à pas lents, puis montait rapidement les marches de la maison de poste. Eux se portent bien... tout leur est indifférent. Oh ! mon Dieu !

— Eh bien ! Édouard Iwanovitsch, fit, en rencontrant le docteur, le mari, qui se frottait doucement les mains en souriant ; j'ai donné l'ordre qu'on nous apporte la carte des vins. Qu'en pensez-vous ?

— Ça va bien, répondit le médecin.

— Et comment va-t-elle ? ajouta le mari avec un soupir, en adoucissant sa voix et en relevant les sourcils.

— Je vous ai toujours dit qu'elle ne pourrait supporter le voyage, pas même jusqu'en Italie, tout au plus, avec l'aide de Dieu, jusqu'à Moscou. Surtout avec ce temps !

— Que faire ? Mon Dieu ! Mon Dieu !

Le mari se voila les yeux avec la main.

— Mets-le ici! fit-il au domestique qui apportait la carte des vins.

— On lui ordonnait de rester chez elle, continua le médecin en haussant les épaules.

— Oui, mais dites-moi, que pouvais-je y faire? poursuivit le mari. J'ai employé tous les moyens pour la retenir; je lui ai parlé de nos ressources, des enfants qu'il fallait laisser, puis de mes affaires, — elle ne veut rien entendre. Elle fait de projets pour vivre à l'étranger, tout comme si elle se portait bien. Et, avec elle, parler de sa situation, de son état, c'est la tuer.

— Oui, elle est déjà morte,... il faut que vous le sachiez, Wassilii Dmitriewitsch. On ne peut vivre sans poumons, et les poumons ne repoussent pas. C'est triste, c'est désagéable,... mais que peut-on y faire? La question, pour elle comme pour nous, consiste à lui obtenir une fin aussi paisible que possible. Un prêtre est nécessaire.

— Ah! mon Dieu! Mettez-vous à ma place, s'il me faut lui faire prendre ses dernières dispositions. Arrive ce qui pourra, je ne lui en parlerai pas. Vous savez bien, comme elle est bonne...

— Essayez toujours de lui persuader de rester ici jusqu'à la fin de l'hiver, fit le médecin en secouant significativement la tête. En route, cela pourrait se gâter.

— Aksïuscha ! hé, Aksïuscha ! piaillait la fille du chef de station, qui avait mis sa *schuba* (pelisse) sur sa tête et barbotait dans la cour de derrière pleine de boue. Viens voir M*me* Schirkin,... on dit qu'on la mène à l'étranger parce qu'elle est malade de la poitrine. Je n'ai encore jamais vu de phthisique...

Aksïuscha franchit le seuil en sautant, et toutes deux coururent devant la porte, en se tenant par la main. Ralentissant le pas, elles passèrent devant la voiture et regardèrent par la glace baissée de la portière. La malade tourna la tête vers elles, mais en remarquant leur curiosité, son visage s'assombrit et elle se détourna.

— Petite mère ! dit la fille du directeur de la station, en tournant vivement la tête, quelle admirable beauté c'était et qu'est-elle devenue ?

C'est une horreur ! C'est une horreur ! L'as-tu vue, Aksïuscha ? L'as-tu vue ?

— Oui, comme elle est maigre ! fit Aksïuscha en l'approuvant. Voyons-la encore une fois, peut-être à la fontaine. Sais-tu, elle s'est détournée, mais je l'ai vue quand même. Comme c'est pénible, Mascha !

— Oui, c'est affreux de la voir ainsi, répliqua Mascha, et toutes deux regagnèrent la porte en courant.

— On voit combien je suis devenue effrayante, pensa la malade. Maintenant, passons vite la frontière ;... là, je me rétablirai vite.

— Maintenant, comment vas-tu, mon amour ? dit le mari, mâchant encore en s'approchant de la voiture.

— Toujours la même et unique question, pensa la malade. Et, en même temps, il mange !... Comme cela ! murmura-t-elle entre ses dents.

— Sais-tu, mon amour, je crois que le voyage par ce mauvais temps te rendra encore plus souffrante, et Édouard Iwanovitsch dit la même chose. Veux-tu que nous retournions ?

Elle se tut, dépitée.

— Le temps deviendra meilleur, le chemin deviendra peut-être bon, et pour toi ce serait préférable; nous partirions alors aussi bien tous ensemble.

— Je te demande pardon! Si, depuis longtemps, je ne t'avais pas écouté, je serais maintenant à Berlin et en parfaite santé.

— Que faire, mon ange?... Ce n'était pas possible... Tu le sais bien. Mais si tu restais encore un mois, tu te remettrais merveilleusement, je vaquerais à mes affaires, et nous emmènerions les enfants...

— Les enfants se portent bien, moi pas...

— Mais, pense donc, ma chérie, si par ce mauvais temps ton état allait empirer en route,... tu serais au moins à la maison...

— Que ferais-je donc à la maison ? Y mourir, dit la malade avec emportement.

Mais le mot « mourir » l'effraya. Elle leva sur son mari un regard suppliant, interrogateur.

Il baissa les yeux et se tut.

La malade fit tout à coup la moue comme une enfant et les larmes lui montèrent aux yeux.

Le mari se couvrit le visage avec son mouchoir et il s'éloigna silencieusement.

— Non, je continuerai, dit la malade, et en levant les yeux au ciel, elle croisa ses mains et commença à murmurer des mots sans suite. « Mon Dieu ! Pourquoi donc ? » fit-elle, et ses larmes coulèrent plus abondantes.

Elle pria longtemps et mentalement, mais sa poitrine continuait de la faire souffrir, demeurant aussi oppressée, tandis que le ciel, les champs et la route restaient aussi gris, aussi sombres, et que le même brouillard d'automne tombait, ni plus vite, ni plus épais, mais sans interruption, sur la boue de la route, sur les toits, sur les voitures et sur les pelisses des cochers, qui bavardaient de leurs voix fortes et gaies, graissaient les voitures et attelaient leurs chevaux.

II

La voiture était attelée, mais le cocher tardait encore. Il entra dans la salle des cochers.

Dans la pièce, sombre et étouffante, il faisait une chaleur écrasante ; il y régnait une odeur d'habitation, de pain cuit, de choux et de mouton. Quelques cochers s'y trouvaient réunis ; la cuisinière était occupée près du poêle, et un malade, enveloppé dans une peau de mouton, était couché sur le poêle.

— Oncle Chwedor ! Oncle Chwedor ! cria le cocher, un jeune garçon, en entrant dans la pièce avec sa pelisse de peau de mouton et le fouet à la ceinture, et en se tournant du côté du malade.

— Que veux-tu à Fedka, rôdeur ? fit la voix d'un des cochers. Tu sais pourtant qu'ils t'attendent dans la voiture.

— Je veux lui demander des bottes,... les miennes sont à faire honte, répliqua le jeune homme, en rejetant ses cheveux en arrière et en arrangeant ses gants derrière sa ceinture. Il dort bien ! Hé, oncle Chwedor ! répéta-t-il, en s'approchant du poêle.

— Qu'y a-t-il ? fit une voix faible, et un visage rouge et maigre apparut, se penchant de dessus le poêle pour regarder.

Une large main couverte de poils, amaigrie et décolorée, serra sa souquenille sur une poitrine couverte d'une chemise sale.

— Donne-moi à boire, frère... As-tu quelque chose ?

Le garçon lui tendit une écuelle pleine d'eau.

— Eh ! Fedka ! dit-il d'un air embarrassé, tu ne te sers sans doute pas de tes bottes neuves en ce moment,... prête-les-moi, tu ne les mettras plus sans doute...

Le malade inclina la tête vers l'écuelle de terre et but longuement et avec avidité, en mouillant dans l'eau trouble sa barbe inculte. Cette barbe embroussaillée était malpropre, et ses yeux, enfoncés et ternes, se levaient péniblement vers le visage de son interlocuteur. Après avoir bu assez, il voulut soulever sa main pour s'essuyer sa bouche mouillée, mais il ne put achever ce mouvement et il s'essuya sur la manche de son vêtement. Silencieux et respirant avec peine par le nez, il regarda le garçon dans le blanc des yeux, rassemblant toutes ses forces.

— Peut-être les as-tu déjà promises à quelqu'un ? fit le cocher. Alors c'est inutile. Voici la chose : il fait mouillé dehors, il me faut conduire des voyageurs, et je me suis dit alors : Tu vas demander ses bottes à Fedka, sans doute il n'en a pas besoin.

Quelque chose, en ce moment, souleva la poitrine du malade, et il s'y fit un gargouillement, et une toux creuse, profonde, persistante, le secoua.

— Comment en aurait-il besoin ! fit la cuisinière d'une voix bruyante qui retentit soudain dans toute la pièce. Depuis deux mois il ne peut bouger du poêle et en descendre. Il tousse tellement que, rien que de l'entendre, cela me fait mal à moi-même. A quoi lui serviraient ses bottes ? On ne l'enterrera pas avec ses bottes neuves. Et il en serait bien temps, que Dieu me pardonne mes péchés ! Voyez seulement comme il tousse ! On ferait mieux de le mettre dans une autre pièce, n'importe où. Dans les villes, il y a des hospices... Est-ce juste cela ? Il occupe tout le coin, maintenant on n'a plus du tout de place. Et la malpropreté !...

— Aïe, Serega ! Viens donc, monte sur ton

siège... les voyageurs attendent, cria le maître de poste, du seuil de la porte.

Serega voulait partir, sans attendre une décision, mais le malade, tout en toussant, lui fit des yeux signe qu'il allait lui répondre.

— Prends les bottes, Serega, dit-il en étouffant sa toux et reprenant un peu haleine. Tu achèteras seulement une pierre, quand je serai mort, ajouta-t-il d'une voix enrouée.

— Très bien, oncle ! Je les prends donc et j'achèterai la pierre.

— Vous avez entendu, les enfants ! parvint à dire le malade, et, de nouveau, il se pencha en avant, la toux l'étranglait.

— C'est bon, nous l'avons entendu, dit un des cochers. Va, Serega, monte, sans quoi on va revenir te chercher. Tu sais, Mme de Schirkin est malade.

Serega retira brusquement ses grandes bottes trempées et difformes et les jeta sous un banc. Les bottes neuves de l'oncle Fédor furent mises en un clin d'œil et Serega sortit, en les regardant, pour gagner la voiture.

— Ah ! voici de bien belles bottes, je te les

graisserai, dit un cocher, qui tenait de la graisse à la main, lorsque Serega monta sur le siège et prit les rennes. Te les a-t-il données ?

— Tu es bien curieux! répliqua Serega en ramenant son vêtement sur ses pieds. Allons, en route! Aïe, mes amours! cria-t-il à ses chevaux en brandissant son fouet; et voiture et calèche roulèrent brusquement avec leurs voyageurs et leurs malles sur la route humide, et disparurent dans le brouillard d'automne.

Le cocher malade restait sur le poêle dans la chambre surchauffée, et, sans avoir cessé de tousser, il se jeta, en faisant appel à toutes ses forces, sur l'autre côté, et il resta sans parler.

Jusqu'au soir, il y eut une allée et venue de gens dans la pièce, on dîna ; — le malade ne se fit pas entendre. Avant de se coucher, la cuisinière grimpa sur le poêle et tira à elle sa pelisse qui était sur les pieds du malade.

— Ne sois pas de mauvaise humeur après moi, Nastasïa, dit le malade, je débarrasserai bientôt ton coin.

— C'est bon! c'est bon! cela ne fait rien, grommela Nastasïa. Où souffres-tu, oncle? Dis?

— Tout mon intérieur est dévoré. Dieu sait ce qu'il y a.

— Ne crains rien... En toussant, souffres-tu aussi dans la gorge?

— J'ai mal partout. Ma dernière heure est là, voilà ce que c'est! Ah! ah! soupira le malade.

— Couvre-toi les pieds, fit la cuisinière en lui ramenant la souquenille sur les pieds, et elle redescendit du poêle.

Pendant la nuit, une veilleuse brûlait dans la salle. Nastasïa et une dizaine de cochers passèrent la nuit couchés par terre ou sur les bancs, soufflant bruyamment. Seul, le malade soupirait doucement, toussait, et se jetait de ci de là sur le poêle. Vers le matin il se tut complètement.

— C'est singulier ce que j'ai vu en rêve, fit la cuisinière en se réveillant : j'ai vu Chwedor qui descendait du poêle et qui allait fendre du bois. « Je vais t'aider Nastasïa, » me dit-il. — Je lui dis : « Comment peux-tu encore fendre du bois? » — Mais le voici qui empoigne la hache et il se met à fendre du bois, si vite, si vite, que les copeaux volaient. « Non, me dit-il, je suis très bien ! »... Et comme il s'arrêtait, je fus prise d'angoisse et d'inquiétude. En voulant crier, je me suis réveillée... N'y aurait-il pas quelqu'un de mort ? Oncle Chwedor ! Eh ! oncle !

Fédor ne fit aucune réponse.

— Ne serait-il pas mort ? Nous allons voir, fit un des cochers qui venait aussi de se réveiller.

La main maigre et velue qui pendait du poêle était froide et décolorée.

— Il faut que j'avertisse le maître de poste... il me semble qu'il est mort, dit le cocher.

Le lendemain, on l'enterrait derrière un buisson dans le nouveau cimetière, et, pendant plusieurs jours, Nastasïa racontait son rêve à tout le monde, et elle disait qu'elle avait été la première qui avait mis la main sur l'oncle Fédor.

III

Lé printemps arriva. Dans les rues mouillées, de petits ruisseaux se frayaient activement un chemin dans la boue ; les couleurs des vêtements et les éclats de voix des gens qui circulaient étaient gais.

Dans les jardins, derrière les haies, les bourgeons s'enflaient aux arbres, et les branches se balançaient doucement à la brise. Partout on voyait courir ou tomber de petites gouttes d'eau, isolées, transparentes... Les moineaux piaillaient peu harmonieusement et voletaient çà et là de leurs petites ailes. Du côté du soleil, sur les haies, les maisons, les arbres, tout était en mouvement et tout brillait. La joie, un renouveau de jeunesse au ciel, sur la terre et dans le cœur des hommes !

De la paille fraîche était étendue, dans une des rues principales, devant une maison de maître ; dans la maison se trouvait, mourante, cette malade qui hâtait sa course vers l'étranger.

Près de la porte close de la chambre à coucher se tenait le mari et une dame d'âge mûr. Un pope était assis sur le sopha, le regard baissé ; il tenait enveloppé quelque chose dans l'*Epitrachilium* (1). Dans un coin, étendue sur

(1) La chasuble que les ecclésiastiques russes portent sous l'étole.

un fauteuil, une femme âgée, — la mère de la malade, — pleurait amèrement. Auprès d'elle se tenait debout une femme de chambre, un mouchoir propre à la main, elle attendait que la vieille femme le lui demandât ; une autre lui bassinait les tempes avec quelque chose et, sous le bonnet, lui soufflait sur sa tête grise.

— Eh bien ! que Dieu vous bénisse, ma chère, disait le mari à la dame âgée, debout avec lui auprès de la porte... Elle a une telle confiance en vous, vous vous entendez si bien à lui parler... parlez-lui sans ambages, mon ange... allez seulement !

Il voulait déjà lui ouvrir la porte, mais la cousine le retint, passa à plusieurs reprises son mouchoir sur ses yeux et secoua la tête.

— Maintenant, je n'ai plus l'air d'avoir pleuré, dit-elle, et, ouvrant elle-même la porte, elle entra.

Le mari était hors de lui, il semblait avoir complètement perdu la tête. Il s'était dirigé vers la vieille dame, mais, après avoir fait quelques pas, il se retourna, et, traversant la chambre, il s'approcha du prêtre. Le pope le vit, leva les yeux au ciel et inclina sa longue barbe blanche.

— Mon Dieu ! mon Dieu ! fit le mari.

— Que faire ? soupira le prêtre, et, de nouveau, il fit les mêmes gestes.

— Et sa mère ici ! reprit le mari, presque désespéré. Elle ne le supportera pas... Elle l'aime tant... tellement que... je ne sais pas... Petit père, ne pourriez-vous pas lui parler et lui persuader de s'en aller ?

Le pope se leva et s'approcha de la vieille dame.

— En vérité, fit-il, le cœur d'une mère est inappréciable... Mais Dieu est miséricordieux.

Le visage de la vieille dame se crispa, et elle éclata en sanglots convulsifs.

— Dieu est miséricordieux, poursuivit le prêtre lorsqu'elle se fut un peu calmée. Je vais vous conter quelque chose. Dans ma paroisse j'avais un malade, et bien plus malade que Dmitriewna, et, en peu de temps, un bourgeois habile l'a guéri avec des simples. Ce même bourgeois est actuellement à Moscou. J'en ai parlé à Wassilii Dmitriewitsch... on pourrait s'adresser à lui.

Tout au moins ce serait une satisfaction pour la malade... Et à Dieu tout est possible.

— Non, je ne puis plus vivre, dit la mère. Ah! si Dieu avait voulu me prendre à sa place?

Et ses sanglots convulsifs devinrent si violents qu'elle perdit connaissance.

Le mari de la malade se couvrit le visage de ses mains et s'élança hors de la chambre.

La première chose qu'il rencontra dans le corridor fut un petit garçon de six ans courant après une petite fille plus jeune.

— Ne voulez-vous pas que je conduise les enfants à leur mère? demanda la bonne.

— Non, elle ne veut pas les voir. Ils l'étourdissent.

Le petit resta un instant debout, regardant son père, puis, tout à coup, il frappa du pied et courut plus loin.

— C'est mon cheval, papa, cria-t-il en montrant sa sœur.

Pendant ce temps-là, la cousine était assise dans l'autre chambre auprès de la malade, essayant de la préparer à la mort par une conversation habilement conduite. Auprès de la fenêtre, le médecin préparait une potion.

La malade, en peignoir blanc, était assise sur son lit, tout entourée de coussins, et elle regardait sa cousine en silence.

— Ah! ma chérie, dit-elle, interrompant celle-ci d'une façon inattendue, ne cherchez pas à me préparer. Ne me prenez pas pour une enfant. Je suis chrétienne. Je sais que, maintenant, je n'en ai plus pour longtemps à vivre... je sais que je serais en Italie si mon mari m'avait écoutée plus tôt, et peut-être, oui sûrement, je me serais guérie. Tout le monde le lui a dit, mais qu'y faire? On voit que Dieu l'a voulu ainsi. Nous sommes tous de grands pécheurs, cela, je le sais, cependant j'espère dans la miséricorde de Dieu, qui veut pardonner à tous... Certainement, il pardonnera à tous... Sur moi aussi, ma chérie, pèsent de nombreux péchés, mais combien ai-je souffert pour eux! Je m'efforce de supporter mes souffrances avec patience...

— Alors, nous devons appeler le prêtre, ma chérie? Vous serez encore plus soulagée lorsque vous aurez reçu l'absolution, dit la cousine.

La malade inclina la tête en signe d'adhésion.

— O Dieu! murmura-t-elle. Pardonnez-moi, pardonnez à une pécheresse!

La cousine sortit et fit signe au prêtre.

— C'est une ange! dit-elle au mari, les larmes aux yeux.

Le mari commença à pleurer; le prêtre franchit la porte; la mère de la malade était toujours sans connaissance, et dans la première chambre il se fit un calme complet. Le prêtre revint au bout de cinq minutes, déposa sa chasuble et mit de l'ordre dans sa chevelure.

— Dieu soit loué, dit-il, vous êtes maintenant plus tranquilles. Vous désirez lui parler.

Le mari et la cousine entrèrent. La malade pleurait tranquillement, les yeux tournés vers une image sainte.

— Que Dieu te bénisse, ma chérie! fit le mari.

— Je te remercie. Je me sens si bien à présent! dit la malade. Quelle sensation agréable et indescriptible j'éprouve maintenant!

Un léger sourire se jouait autour de sa bouche aux fins contours.

— Que Dieu est donc miséricordieux et tout-puissant!

Et de nouveau elle tourna, en priant mentalement, ses regards vers l'image sainte.

Puis quelque chose parut lui venir à l'esprit et elle fit signe à son mari.

— Tu ne veux jamais faire ce que je te demande, fit-elle d'une voix faible et à peine distincte.

Le mari allongea le cou et écouta tranquillement.

— Chercher qui, mon amour?

— Mon Dieu! Il ne comprend jamais rien.

Et, fronçant le sourcil, la malade ferma les yeux.

Le médecin s'approcha d'elle et lui prit la main. Le pouls devenait sensiblement de plus en plus faible. Il fit signe au mari. La malade s'en aperçut et jeta un regard effrayé autour d'elle. La cousine se détourna et commença à pleurer.

— Ne pleure pas... Ne te chagrine pas en même temps que moi, dit la malade. Cela m'enlève mon dernier instant de repos.

— Tu es un ange ! fit la cousine en lui embrassant la main.

— Non, embrasse-moi ici... il n'y a qu'aux morts qu'on embrasse la main... Oh ! mon Dieu ! Oh ! mon Dieu.

Dans la même soirée, la malade était un cadavre, et le cadavre était couché dans un cercueil, dans le salon de réception de la grande maison. Dans la vaste pièce, les portes fermées, il y avait un diacre qui, seul et assis, lisait d'une voix lente et monotone les psaumes de David. La clarté des cierges tombait des grands chandeliers en argent sur le front pâle de la morte, sur ses mains couleur de cire et sur les plis raides du linceul, qui faisait une saillie aux genoux et aux extrémités des pieds.

Le diacre, continuait tranquillement de lire dans son livre, et ses paroles sonnaient et s'éteignaient étrangement dans l'appartement, où tout était calme. Seulement, de temps en temps, y pénétraient, venant d'une pièce éloignée, des bruits de voix et de piétinements d'enfants.

« Tu détournes ton visage, — et ils sont dans

la confusion, disait le psaume. Tu leur retires ton esprit, — et ils meurent et retournent en poussière. Tu leur envoies ton esprit, — et alors ils se lèvent et ils renouvellent la face de la Terre, afin que le Seigneur soit loué à jamais dans l'éternité. »

Le visage de la morte était froid et majestueux. Son front était glacé, ses lèvres étroitement serrées. Elle semblait méditer. Comprenait-elle maintenant ces grandes paroles du psalmiste ?

IV

Un mois plus tard, une chapelle en pierre s'élevait sur la tombe de la morte. Sur la tombe du cocher Fédor, il n'y avait que l'herbe d'un vert pâle, croissant sur la butte de terre, le seul signe marquant qu'il y avait là un être humain enterré.

— Ce sera un péché sur la conscience, Serega,

disait un jour la cuisinière de la maison de poste, si tu n'achètes pas une pierre pour Fédor. Avant, tu disais : C'est l'hiver ! c'est l'hiver !... Mais, maintenant, pourquoi ne tiens-tu pas ta parole ? Il est déjà venu une fois te demander pourquoi tu n'achetais pas la pierre... S'il vient une deuxième fois, il t'étranglera.

— Eh quoi ! Est-ce que je m'y refuse ? répliqua Serega. J'achèterai la pierre, comme je l'ai dit... je l'achèterai... pour un rouble et demi d'argent je l'achèterai... Je ne l'ai pas oubliée, mais il faudra encore l'apporter ici. Dès qu'il se présentera une occasion d'aller à la ville, je l'achèterai.

— Si tu avais seulement placé une croix de bois, ce serait déjà quelque chose, dit un vieux cocher, mais c'est très mal. Tu portes pourtant les bottes.

— Où veux-tu aller prendre une croix ? Tu ne vas pas en tailler une avec une bûche.

— Qu'est-ce que tu me chantes là ? En tailler une dans une bûche !... Prends une hache et va de bonne heure dans le bois, là tu pourrais en en tailler une. Tu n'as qu'à abattre un jeune frêne ou quelque chose de semblable. Cela fera bien un *Golubez* (1). Et tu n'auras pas besoin de payer du wodka au garde. Pour si peu de chose il n'est pas nécessaire de lui donner à boire. Il y a quelques jours, j'avais cassé le timon de ma voiture, je m'en suis coupé un neuf superbe... et personne ne m'a rien dit.

Le lendemain matin, — l'aurore rougissait à peine, — Serega prit une hache et se rendit au bois.

La rosée tombait encore, et le soleil n'éclairait pas encore. Au levant, l'obscurité se dissipait insensiblement et une lumière pâle se jouait dans la voûte céleste recouverte de légers nuages. Pas un brin d'herbe, pas une seule feuille au sommet des arbres ne bougeait. De loin en loin le calme du bois n'était troublé que par un battement d'ailes dans les branches des arbres ou par un frôlement sur le sol. Soudain, un bruit étranger à la forêt éclata à la lisière du bois. Ce bruit résonna de nouveau et commença à se répéter régulièrement au pied d'un des arbres qui se dressaient là immobiles.

(1) Une croix tombale recouverte d'un toit.

Le sommet d'un des arbres fut agité d'un mouvement inusité; ses feuilles, pleines de sève, murmurèrent, et la fauvette perchée sur une de ses branches prit par deux fois son vol en gazouillant, puis se posa, en balançant la queue, sur un autre arbre.

La hache résonnait de plus en plus bruyamment, des éclats de bois volaient çà et là sur l'herbe mouillée de rosée, et, à chaque coup de hache, on entendait un faible craquement. Le tronc entier tremblait, s'inclinait et se redressait aussitôt, se balançait sur ses racines. Un instant, tout demeura calme, mais l'arbre se pencha de nouveau, de nouveau un craquement se fit entendre dans le tronc et le sommet de l'arbre, qui tomba sur le sol humide en écrasant les taillis et brisant ses petites branches. La fauvette fit entendre un gazouillement et s'envola plus haut. Le rameau sur lequel elle se posa se balança un instant, puis se raidit avec ses feuilles, comme tous les autres. Les arbres se dressèrent orgueilleusement et plus joyeux, avec leurs branches immobiles au-dessus du nouvel espace libre.

10.

Perçant la nuée transparente, les premiers rayons de soleil brillèrent, se répandant dans le ciel et sur la terre. Le brouillard commença à s'élever des vallées, la rosée brilla étincelante sur la verdure et de petits nuages blancs flottèrent sur le ciel bleu.

Les oiseaux volaient dans le fourré et gazouillaient des chants de bonheur ; les feuilles, pleines de sève, se murmuraient de joyeux secrets, et les branches des arbres vivants se balançaient lentement et majestueusement au-dessus de l'arbre mort, de l'arbre tombé...

ÉTEINS LE FEU

PENDANT QU'IL EST ENCORE TEMPS

Le paysan Ivan Fscherbakow vivait heureux dans sa ferme. Plein de force et de santé, il était le plus vaillant travailleur du village, et avait, en outre, trois fils pour le seconder. L'aîné avait déjà pris femme; le deuxième songeait à le faire; quant au cadet, c'était encore un adolescent, tout occupé du soin de ses chevaux et de ses premiers essais en agriculture.

La mère était une femme de sens, une ménagère habile; sa bru, d'un caractère doux, était aussi fort appliquée au travail. Personne, d'ailleurs, ne restait oisif dans la ferme, à l'exception du vieux père d'Ivan, qui souffrait de l'asthme, et qui, depuis sa soixante-dixième année, ne quittait pas sa couche sur le poêle, la meilleure dans une habitation russe. La maison d'Ivan ne manquait de rien. Il y avait trois chevaux avec un poulain, quinze moutons et une vache avec son veau d'une année. C'était le train d'un riche fermier. Les femmes vaquaient au soin du ménage, raccommodaient le linge et la chaussure et aidaient les hommes pour certains travaux des champs. Il restait toujours un excédent de blé quand venait la nouvelle récolte, et l'avoine seule payait toutes les dépenses de la ferme. Ah! si Ivan et les siens avaient su jouir de leur bonheur! Mais, porte à porte avec eux, demeurait un autre paysan, Gravila Chromoi, fils de Gordeï Iwanow, et les deux familles étaient en guerre depuis des années.

Tant que le vieux Gordeï avait vécu et que le père d'Ivan put diriger lui-même sa maison, la plus grande cordialité avait régné entre elles. Les femmes avaient-elles besoin d'un ustensile de ménage ou d'un atour pour leur toilette, manquait-il un outil à la ferme, fallait-il remplacer utilement quelque roue cassée, vite on allait chez le voisin, qui se trouvait tout heureux de pouvoir rendre service. Si le veau prenait fantaisie de tenter une excursion dans l'aire de l'autre ferme, on le chassait doucement, et l'on se contentait de prévenir le propriétaire : « Voisin, tenez votre veau, notre blé est étendu sur l'aire. » Mais se garer les uns des autres, vouloir que le bétail reste enfermé ou bien se calomnier réciproquement, nul n'y aurait songé.

Mais tout changea quand les jeunes eurent pris les rênes en mains.

L'affaire commença par une vétille, moins qu'un fétu de paille. La bru d'Ivan avait une poule, excellente pondeuse, qui devançait toutes les autres au printemps, et la jeune femme avait mis sa gloire à recueillir ses œufs pour en avoir une provision en vue des fêtes de Pâques. Tous les matins, elle allait fouiller dans les caisses des chars remisés sous le hangar au bois, et ne manquait pas d'en rapporter triomphalement l'œuf tout frais pondu. Or, un jour, la poule, effrayée sans doute par les cris des enfants, s'en alla, en volant par-dessus le mur, déposer dans la cour voisine le fruit de son labeur quotidien.

La jeune ménagère, qui, en ce moment, était occupée à faire les chambres, se dit en l'entendant : « Voici ma poule qui crételle, elle a pondu son œuf, mais je n'ai pas le temps à présent, j'irai le prendre plus tard. » Vers le soir, elle courut au hangar, fouilla tous les coins et recoins, fort désappointée de ne rien trouver. Elle fouilla toute la maison, questionna sa belle-mère, les frères de son mari, demanda à chacun s'il n'avait pas pris l'œuf. Faraska, le plus jeune des fils d'Ivan, fut le seul qui put lui en donner des nouvelles. « La poule a chanté dans la cour du voisin, et c'est de là que je l'ai vue revenir. » Très excitée, la jeune femme s'en alla d'abord à la recherche de sa poule, qu'elle trouva au perchoir, en train de s'endormir à côté du coq. Dans son ardeur, elle l'eût volontiers questionnée aussi, mais, à son grand regret, le volatile n'avait ni bouche ni oreilles. La jeune paysanne courut chez les voisins.

— Mon Dieu, qu'y a-t-il? lui cria la vieille mère en la voyant venir si empressée.

— Sais-tu, grand'mère, que ma poule a volé dans votre cour aujourd'hui? N'y a-t-elle point fait son œuf? N'avez-vous rien trouvé?

— Nous avons nos poules, Dieu merci, et elles pondent depuis longtemps, répondit la vieille, un peu piquée par l'ardeur excessive que la visiteuse mettait dans son langage. Nous ne recueillons que nos œufs, nous n'avons pas l'habitude d'aller les chercher chez les autres.

Ces paroles désobligeantes vexèrent la jeune femme; elle répondit un mot de trop, la voisine en ajouta deux, et, d'une parole à l'autre, on en vint bientôt aux injures. La femme d'Ivan, qui passait en portant son eau, se mit de la partie; la femme de Gravila accourut à son tour et reprocha à sa jeune voisine sa sotte conduite, en rafraîchissant de vieilles histoires oubliées, non sans ajouter, dans l'ardeur de la dispute, d'autres choses de sa propre invention. Bientôt ce fut un flux de paroles aigres; un mot n'attendait pas l'autre, toutes criaient à la fois. Les épithètes les plus grossières se croisaient : « Tu es une ci, tu es une ça, une malpropre! — Et toi, tu es une salope, une voleuse! tu as fait mourir de chagrin le père de ton mari! — Va, on te connait bien, mendiante! Qui a troué notre tamis à farine, n'est-ce pas toi? Et le sceau que tu tiens à la main, n'est-il pas aussi à nous? Rends-le-moi tout de suite; je le veux! »

Et les deux femmes se disputent le seau, qui asperge leurs jupes, puis s'arrachent leurs fichus; elles finissent par se prendre aux cheveux. Gravila arrivait en ce moment, revenant des champs; il prit la défense de sa femme, tandis qu'Ivan et son fils ainé, attirés par le bruit, accouraient d'autre part. Ivan, qui était taillé en Hercule, se jeta au milieu des combattants et les sépara d'un coup, en arrachant une poignée de barbe à Gravila. Les gens du voisinage, qui s'étaient rassemblés aussi, eurent beaucoup de peine à empêcher la lutte de recommencer.

Gravila enveloppa soigneusement la mèche de poils arrachée dans du papier, et s'en fut de ce pas chez le juge.

— Je ne me suis pas laissé pousser la barbe, dit-il, pour que celui-là, avec ses taches de rousseur, se permette de me l'arracher!

Sa femme, d'autre part, ne restait pas oisive. Elle allait criant et s'époumonnant de voisine en voisine, disant qu'Ivan irait en prison, même qu'on l'enverrait en Sibérie. Elle versa ainsi de l'huile sur le feu.

Le vieux père d'Ivan, perché sur son poêle, se donnait, il est vrai, toutes les peines du monde pour rétablir la paix. Mais ce jeune monde n'avait guère d'oreille pour ses discours.

— Quelle sottise ! leur disait-il. Pourquoi, pour un rien, mener si grand bruit? Dire que toute l'affaire a commencé pour une méchante poule! Supposons que les enfants aient ramassé cet œuf, ne voilà-t-il pas une affaire! Le bon Dieu en a bien assez pour tous. Eh quoi ! Si la voisine a dit une parole mauvaise, il fallait répondre par une bonne parole, pour lui montrer comment on se parle entre braves gens. Vous vous êtes battus. Mon Dieu, cela peut arriver, mais croyez-moi, reconnaissez que vous avez eu tort, pardonnez-vous et que tout soit oublié. Si, au contraire, vous rendez le mal pour le mal, il vous en arrivera bien pis.

Hélas ! les jeunes méprisèrent les conseils de la sagesse. « Le pauvre vieux n'entend rien, se dirent-ils. Sa tête n'y est plus, il retombe dans l'enfance. »

Ivan avait aussi ses griefs contre Gravila.

— Je n'ai pas même touché à sa barbe, prétendait-il, c'est lui-même qui se l'est arrachée par malice. Mais son fils m'a arraché les boutons de ma chemise et l'a mise en lambeaux. Cela ne se passera pas ainsi.

Et, tout droit, il s'en alla aussi au tribunal réclamer des dommages.

L'un et l'autre traînèrent l'affaire en longueur. Dans l'intervalle, une cheville disparut du char de Gravila. La femme de celui-ci en prit occasion pour déchaîner sa langue aux dépens de l'un des fils d'Ivan.

— C'est lui, disaient-elles, nous l'avons bien vu, quand il s'est glissé la nuit sous les fenêtres, en allant vers le char ; et, d'ailleurs, la voisine nous a dit qu'il est allé ensuite au cabaret, où il assourdit les oreilles du cabaretier en soufflant dans le trou de la cheville.

On alla encore devant le juge. Chaque jour

que Dieu fit, il y avait échange d'épithètes malsonnantes ou même de coups entre les membres des deux familles. Les enfants ne manquaient pas de suivre l'exemple de leurs parents, et quand les femmes se rencontraient au ruisseau qui servait de lavoir commun, leurs battoirs allaient moins vite que leur langue. Le mal s'envenimait chaque jour davantage.

On avait commencé par des calomnies ; maintenant, c'étaient des accusations formelles. Si quelque objet avait été oublié dans la cour de l'un d'eux, celui-ci le trainait ou le rejetait violemment chez le voisin. Peu à peu, les femmes et les enfants prenaient des habitudes d'aigreur qui s'introduisirent ainsi dans l'intérieur de chaque famille. Quant à Ivan et à Gravila, ils fatiguaient de leurs querelles le juge, le tribunal et l'assemblée de la communauté.

Les juges eux-mêmes étaient pris de dégoût. Tantôt Ivan jouait un mauvais tour à Gravila, tantôt celui-ci lui rendait la pareille. Et, chaque fois, c'était l'amende ou la « chambre froide » pour l'un ou pour l'autre. Plus ils se faisaient de mal, plus leur inimitié allait croissant ; deux chiens qui se battent deviennent furieux à mesure qu'ils sentent les morsures ; et si quelqu'un frappe l'un d'eux par derrière, la bête enragée croit que c'est un nouveau coup de son adversaire et plante la dent plus profond. Ainsi de nos paysans. Quand l'amende ou la prison frappait l'un d'eux : « Attends, tu me paieras cela ! » disait-il, en épiant l'occasion toujours prochaine de se venger. Cela dura six longues années, pendant lesquelles le vieillard, du haut de son poêle, prêchait toujours, répétant sans se lasser :

— Que faites-vous, mes enfants ? Oubliez vos rancunes, allez à votre œuvre journalière, au lieu de passer votre temps à courir les juges et les tribunaux. Vivez en paix avec vos frères et vous vous en trouverez bien. Celui qui voit toujours le mal n'est pas heureux.

Hélas ! le vieux prêchait dans le désert.

On venait d'entrer dans la septième année, lorsqu'un nouvel incident aggrava soudain la querelle. Dans un festin de noces, la belle-fille d'Ivan accusa Gravila devant tout le monde d'avoir été pris en flagrant délit de fraude en vendant des chevaux. Gravila, un peu excité par les fumées du festin, ne put maîtriser sa colère ; il frappa la jeune femme, qui était en état de grossesse et qui fut obligée de garder le lit durant une semaine. Ce fut pour Ivan un morceau de haut goût. Il porta plainte aussitôt, en se disant : « Cette fois, je le tiens : me voilà délivré de mon mauvais génie, la Sibérie m'en débarrassera pour toujours. » Mais ses prévisions ne se réalisaient pas. Le juge d'instruction n'accueillit pas la plainte, car, la jeune femme ayant été examinée, on ne put découvrir sur elle aucune trace de mauvais traitements. Ivan s'adressa au juge de paix, qui, à son tour, le renvoya au tribunal. N'épargnant ni les frais ni les peines, Ivan alla au tribunal, gagna le président et le greffier en leur donnant à chacun un muids d'eau-de-vie douce ; il se démena tant que Gravila fut enfin condamné. Le jugement, dont la lecture fut faite en séance publique, portait que : « Gravila Gordoï était punissable de vingt coups de bâton, à recevoir sur les reins, dans la cour de la maison de district. »

Ivan était présent à cette lecture et jouissait à l'avance de voir l'effet qu'elle produirait sur son ennemi. Gravila devint livide ; il se tourna et sortit aussitôt. Ivan le suivit sur ses talons et l'entendit murmurer :

— C'est bien, les coups me meurtriront les reins et je sentirai leur brûlure, mais qu'il prenne garde ! Quelque chose pourrait bien lui brûler davantage.

Ces menaces effrayèrent Ivan, qui rentra vers les juges en courant et en s'écriant :

— Hommes de justice, écoutez, il menace d'incendier ma maison, il l'a dit et il y a des témoins. Je demande qu'il soit rappelé devant la justice.

Gravila fut de nouveau cité.

— Est-il vrai que tu aies dit cela?

— Je n'ai rien dit de semblable, répondit-il. Faites-moi donner le bâton, si vous en avez le pouvoir. Je vois bien que je serai seul la victime de cette affaire et qu'il s'en ira déchargé de tout...

Il voulait continuer, mais un frisson courut sur ses lèvres et sur son visage ; il chancela comme un homme qui est ivre et s'appuya contre la paroi. Les juges mêmes furent pris d'inquiétude en le voyant ainsi.

— Dieu veuile, se dirent-ils l'un à l'autre, qu'il ne se livre pas à quelque violence sur lui-même ou sur sa partie adverse !

Et le plus ancien des juges, prenant la parole, dit :

— Écoutez un mot, mes frères. Il en est temps encore : réconciliez-vous en vous tendant une main fraternelle. Toi, frère Gravila, tu as sûrement mal agi en frappant une femme, et encore une femme qui est enceinte. C'est un bonheur que Dieu, dans sa bonté, n'ait pas laissé tourner les choses plus mal, sans cela tu aurais un terrible poids sur la conscience. Si tu sens ta faute, reconnais-la franchement et humilie-toi. Ivan te pardonnera. Nous modifierons notre arrêt et tout sera dit...

— Cela ne se pourrait pas, observa le greffier formaliste, car l'article 117 dit que lorsqu'une tentative de conciliation a échoué et qu'un jugement a été rendu à la suite, ce jugement est exécutoire et reçoit force de loi...

Mais le juge s'inquiétait peu de ce beau discours.

— Assez! fit-il, de tout ce verbiage. Le premier de tous les articles est celui-ci : Gardez Dieu dans votre cœur et vivez en paix avec vos frères !

Et le juge renouvela ses tentatives de réconciliation. Mais les cœurs de ces hommes étaient endurcis. Gravila n'était pas en disposition d'entendre un appel à l'oubli des injures et à l'amour du prochain.

— Je vais entrer dans ma cinquantième année, dit-il; j'ai un fils marié, et mon corps n'a pas su jusqu'à présent ce qu'est le bâton ; et il faut qu'au déclin de mes jours je sois condamné à la bastonnade à cause de Wanka, et je me verrais encore courbant le front devant lui et ses taches de rousseur! Que Dieu... Mais, assez... Il pensera encore à moi, Wanka !

Gravila sortit.

Il y avait dix verstes du siège du tribunal à l'habitation d'Ivan, et celui-ci ne rentra chez lui que sur le déclin du jour. Il dételà seul sa jument, remisa sa voiture et entra dans l'isba, qui était désert en ce moment. Les femmes étaient allées à la rencontre du bétail, et ses fils n'étaient pas encore rentrés des champs. Ivan s'assit sur un banc et se laissa aller au cours de ses pensées. Ce qui venait de se passer l'obsédait; il revoyait Gravila devant le tribunal, comme il était devenu livide en entendant la sentence et comme il s'était tourné en chancelant contre la paroi; son cœur se serrait à ce souvenir; il se demandait ce qu'il ressentirait lui-même si une telle punition lui était infligée, et cela lui faisait mal. Alors il entendit son père qui toussait sur son poêle; le vieux se tourna dans sa couche, descendit ses pieds sur le bord, et, avec beaucoup de peine, il se glissa en bas du poêle, puis se traîna jusqu'au bout et s'affaissa. Épuisé par un effort si grand, il tousse encore, s'appuie des deux mains et demande de sa voix chevrotante :

— Que s'est-il passé? L'ont-ils condamné?

— Oui, à vingt coups de bâton.

Le vieux hoche tristement de la tête.

— Mauvaise affaire ! mon fils, mauvaise affaire! Ce n'est pas à lui, mais à toi-même que tu as fait du mal. On va lui meurtrir les reins. Qu'en auras-tu de plus ? Ta vie en sera-t-elle plus heureuse, plus douce !

— Du moins, il me laissera tranquille.

— Il te laissera tranquille ! Mais jusqu'ici qu'a-t-il fait de plus que toi ?

Ivan sentit toute sa colère se rallumer.

— Tu demandes encore ce qu'il m'a fait ? Et ma jeune femme, qu'il a frappée presque à la faire mourir ! Et les menaces qu'il fait maintenant d'incendier notre maison ! Penses-tu que je doive lui en dire merci ?

Le vieillard reprit en poussant un profond soupir :

— Vois-tu, mon fils, parce que tu peux aller et venir librement et agir à ta guise, tandis que je reste cloué sur mon poêle depuis des années, tu t'imagines juger bien de toutes choses, et tu crois que ton vieux père n'entend plus rien au train de ce monde. Erreur ! jeune homme, tes jugements sont faux, parce que la haine t'empêche de bien voir ; tu as toujours les fautes des autres devant les yeux et tu laisses les tiennes derrière. Comment peux-tu dire que lui seul a fait tout le mal? Si le mal ne venait que de lui, il ne serait pas si grand. Le mal, chez les hommes, n'est-il pas des deux côtés? Il n'aurait pas de prise, s'il n'était que d'un seul. Qui lui a arraché la barbe? Qui a renversé sa meule de foin? Qui l'a traîné devant les juges? Tu parles de ses fautes, mais n'as-tu pas tout fait de ton côté pour envenimer les choses? Pourtant, ce n'est pas là l'exemple que je vous ai donné. Le père de Gravila et moi, nous avions d'autres rapports. Nous vivions comme de bons voisins. Quand sa provision de farine était épuisée, une petite femme venait avec un gentil sourire : « Oncle Frola, nous n'avons plus de farine. — Eh bien! tu sais où est le cellier, tendre jeunesse, va donc prendre ce qu'il te faut. » Si je voyais qu'il manquait d'un garçon pour ses chevaux: « Va, Iwanka, » te disais-je de moi-même, avant même qu'il m'ait rien demandé. Et, de mon côté, s'il me fallait quelque chose, je ne me gênais pas non plus: « Oncle Gordei, j'ai besoin de ceci, j'ai besoin de cela. — A ton service, prends, oncle Frola. » Ainsi en usions-nous ensemble tant que durait l'année. Et nous

nous en trouvions bien, et nous étions heureux. Mais qu'avons-nous aujourd'hui de toutes vos querelles ? Tu sais ce que ce soldat a raconté des souffrances de Plewna ? Eh bien ! la guerre que vous vous faites est plus cruelle que celle de Plewna. Je te le demande, est-ce là une vie de chrétien, cette vie d'orgueil, de péché, de honte ! Malheureux ! tu oublies que tu es le chef de la famille et que tu auras à en rendre compte ? Quel exemple donnes-tu aux tiens ? L'autre jour, Araska injuriait grossièrement sa tante Drina, et sa mère riait en écoutant les insolences de ce jeune morveux. Est-ce régulier, cela ? N'oublie pas que tu es responsable de toutes ces choses, mon fils. Rentre en toi-même, songe au salut de ton âme. Vous ne pouvez plus vivre ainsi. « Tu me donnes un soufflet, je t'en rends deux. » Ce sont les païens qui agissent ainsi. Jésus-Christ enseignait tout autre chose quand il vécut parmi les hommes : « Si l'on te dit une injure, ne réponds pas ; la conscience du coupable parlera pour toi. Si quelqu'un te frappe à la joue droite, présente-lui aussi l'autre et dis : Frappe, si tu me crois coupable. La conscience de ton ennemi parlera alors ; il s'humiliera et implorera ton pardon. » Voilà quels sont les commandements de Dieu, tandis que vos querelles gonflées d'orgueil ne sont que péché et folie.

« Pourquoi baisses-tu la tête ? Sens-tu que je dis la vérité ? »

Ivan restait silencieux sous les paroles du vieillard.

Celui-ci dut s'interrompre un moment pour reprendre sa respiration oppressée, puis il continua :

— Le Christ, en nous donnant son enseignement, voulait le salut éternel de notre âme ; mais, à ne considérer que la vie présente, les choses vont-elles mieux chez toi depuis ce nouveau Plewna ? Compte un peu combien de ton avoine s'en est déjà allée aux juges, et tout ce que tu as dilapidé de ton bien. Maintenant que tes fils ont grandi comme de jeunes aigles, tu devrais t'envoler d'un coup d'aile joyeux et les entraîner toujours plus haut à ta suite ; mais, au contraire, la ferme décline, et tout le mal vient de ta mauvaise gestion, qui est elle-même le fruit de vos misérables querelles. Quand tu devrais aller au champ diriger et exciter les tiens au travail, la chicane te pousse chez le juge ou chez l'homme de police ; tu laboures hors de saison, tu sèmes hors de saison, et la terre, notre mère nourricière, ne donne pas ses fruits. Pourquoi l'avoine a-t-elle si mal réussi cette année? Quand l'as-tu semée? Un jour que tu revenais échauffé de chez le juge. Et qu'as-tu gagné à ton procès? Un tourment de plus. Ah! jeune homme, reprends ton travail quotidien, applique-toi avec tes fils à l'ouvrage et rentre chez toi, le soir, fatigué du labeur du jour. Si quelqu'un te fait tort, agis envers lui comme Dieu l'ordonne; tu verras alors que tout tournera à ton avantage, ta maison prospérera, et cela t'allégera le cœur et te rendra joyeux.

Ivan écoutait toujours, la tête baissée.

— Je veux te dire, jeune homme, ce que maintenant tu as à faire, continua le vieillard. Va, attèle le gris, retourne en toute hâte sur les fraîches ornières, présente-toi devant le tribunal et jette sur toute la querelle le manteau de la paix. Puis, demain, de bonne heure, tu te rendras chez Gravila, tu lui tendras la main de la réconciliation, comme des frères du Christ doivent le faire, et, puisque c'est demain la fête de Marie, tu l'inviteras à notre festin, tu prépareras le samowar, tu monteras un demi-stof, une demi-mesure d'eau-de-vie, et, une fois pour toutes, tu secoueras tous ces soucis amers, de façon qu'il n'en soit plus question jamais ; en outre, tu parleras haut et ferme aux femmes et aux enfants, pour qu'ils se conforment à ta volonté.

Un profond soupir de soulagement s'échappa de la poitrine d'Ivan. En silence, il pensa : « C'est vrai, ce que dit mon vieux père. » Et toute amertume sortit de son cœur, mais comment faire les premiers pas ? C'est là ce qui était difficile et ce qui le faisait hésiter.

Le vieillard alors recommença avec plus d'insistance encore, comme s'il avait lu dans l'âme de son fils.

— Hâte-toi, mon enfant, éteins le feu pendant qu'il est temps encore ; si tu laisses la flamme prendre autour de toi, tu n'en seras plus maître.

En ce moment, il eut la parole coupée ; les femmes rentraient à grand bruit, parlant toutes à la fois, jacassant comme des pies ! Elles savaient tout déjà, la sentence des juges, les menaces d'incendie proférées par Gravila, et ce qui s'ensuit, chacune ajoutant, d'ailleurs, son petit commentaire. Et puis elles avaient eu au pâturage une nouvelle scène avec la femme de Gravila. Celle-ci disait qu'Ivan n'en avait pas fini avec la justice. Le greffier s'était déclaré pour Gravila ; c'était une forte tête ; il avait pris la chose sous son bonnet. Le maître d'école allait aussi se mêler de l'affaire et rédigerait une supplique qui porterait la chose devant le tzar lui-même. Dans cette supplique, tous les griefs seraient relevés, y compris l'affaire de la cheville enlevée et celle de la meule de foin. Bref, à l'entendre, la moitié des biens d'Ivan passerait bientôt aux Gravila. Ivan entendit ces discours, et son cœur s'endurcit de nouveau, si bien qu'il changea d'avis et ne voulut plus qu'on lui parlât de réconciliation avec son ennemi.

Le paysan a toujours du travail plein les

mains dans sa ferme. Ivan, laissant les femmes continuer leur caquet, sortit mettre un peu d'ordre dans l'aire et sous le hangar, pendant que le soleil descendait derrière l'isba. Bientôt ses fils revinrent des champs, où ils avaient donné avant l'hiver un premier labour en vue des semailles d'été. Ivan s'informa de tout et leur aida à rentrer l'attirail de campagne. Un harnais était déchiré, il le mit de côté pour le raccommoder à la veillée ; il aurait désiré aussi rentrer un tas de branches, qui se trouvaient à l'air du temps ; mais il faisait déjà sombre, et les branches restèrent jusqu'au lendemain. Il avait encore à fourrager le bétail et à faire sortir de l'écurie les chevaux que Taraska devait bientôt mener au pâturage de nuit. Quand cela fut fait, il referma la porte du hangar, dont il tira soigneusement le loquet de bois.

— Maintenant, il ne nous reste plus qu'à souper et à nous mettre ensuite sur l'oreiller, se dit-il en emportant le harnais endommagé vers la maison.

En ce moment, il oubliait tout à fait et son

affaire avec Gravila et les exhortations paternelles auxquelles elle avait donné lieu. Mais comme il allait ouvrir la porte de sa demeure, des propos injurieux frappèrent son oreille. Ils partaient de chez le voisin, dont la voix, étranglée par la colère, lui arrivait comme un écho par-dessus la muraille :

— Il est bon à donner au diable, lui et toute sa famille ! Cette fois, la mesure est comble ! J'aurais dû le tuer comme un chien.

Ivan tendit l'oreille, immobile, écoutant tout ce que la rage inspirait à Gravila. Il rentra ensuite en secouant la tête. Il était inquiet et parlait tout seul.

On avait déjà allumé. La jeune paysanne était assise à son rouet, pendant que sa belle-mère faisait les apprêts du souper. L'aîné des fils était en train de border une paire de pantoufles avec de vieux débris de cuir ; un autre des garçons, assis à la table, avait un livre ouvert devant lui, et Taraska achevait de s'ajuster pour monter à cheval.

Tout dans la chambre eût offert à Ivan le tableau d'une vie heureuse et d'un bonheur paisible, s'il n'avait eu au-dedans de lui, comme un ver rongeur, sa querelle avec le voisin.

Il entra d'un air sombre, chassa le chat du banc pour prendre sa place, et se mit à malmener les femmes au sujet d'une cuve à lessive qu'on n'avait pas remisée en son lieu. Il s'assit, le front plissé et le cœur plein d'amertume, et se mit à raccommoder son harnais. Mais les menaces de son ennemi ne pouvaient lui sortir de l'esprit. Ce que Gravila avait dit en justice, les choses horribles qu'il venait de proférer, le son étrange de sa voix quand il disait : « J'aurais dû le tuer comme un chien, » tout cela l'obsédait comme un cauchemar.

Sa femme continuait d'aller et de venir. Taraska, après avoir soupé, endossa son kaftan, jeta sur ses épaules une peau de mouton, boucla sa ceinture et sortit après s'être encore muni d'un morceau de pain.

Ivan l'accompagna dans la cour. La nuit était obscure, le ciel s'était couvert, un grand vent soufflait sur la ferme. Quand il eut aidé son fils à monter à cheval, Ivan lâcha le poulain derrière lui et resta un moment à regarder, pendant que Taraska s'éloignait. Celui-ci fut bientôt rejoint par d'autres jeunes gens qui menaient aussi leurs chevaux au pâturage ; leur trot s'affaiblit peu à peu au loin dans la rue. On n'entendait plus rien. Et Ivan était toujours sur sa porte, songeant aux paroles de Gravila : « Quelque chose pourrait bien lui brûler davantage ! »

— Une telle sécheresse et le vent qui souffle ! pensait Ivan. Pourvu que Gravila ne se glisse pas derrière la maison pour y mettre le feu et se dérober ensuite ! Personne ne l'aurait vu. Le scélérat pourrait ainsi m'incendier et échapper à la justice. Tonnerre ! si je t'y attrape !

Cette crainte hantait si fort la pensée d'Ivan, qu'au lieu de rentrer il se mit à épier dans la rue et autour de la maison.

« Faisons un peu le tour de la ferme, se dit-il ; qui sait ce que le drôle va bien faire ? » Il s'avança à pas de loup le long du mur. En tournant l'angle, il crut voir quelque chose s'allonger, puis se blottir à l'autre extrémité. Il s'arrêta comme cloué sur place, ne respirant plus, et tout yeux, tout oreilles. Rien ne bougea plus. Le vent seul grinçait dans les feuilles sèches et passait en sifflant par-dessus le toit. La nuit était fort obscure, mais Ivan, s'y retrouvant peu à peu, finit par distinguer tout un coin du hangar avec sa charrue remisée sous l'avant-toit. Il resta ainsi, écarquillant les yeux, mais il n'aperçut rien qui ressemblait à un homme.

« Ce n'était qu'un éblouissement, sans doute, se dit-il à part soi. C'est égal, je veux faire quand même le tour. » Et, comme un voleur, à pas furtifs, il se glissa le long du hangar, si léger, sur ses souliers d'écorce, qu'il ne s'entendait pas lui-même. Au moment où il atteignait l'autre angle, il fit un violent soubresaut. Une clarté, subitement évanouie, venait de briller dans la nuit. Ivan sentit un frisson lui glisser le long du dos ; le cœur lui battit à se rompre. Il était là comme pétrifié. L'intervalle de quelques secondes, et, à la même place, une flamme s'élève et éclaire un homme coiffé d'une casquette de peau, encore accroupi auprès de la botte de paille qu'il vient d'allumer. Ivan sent les battements de son cœur se précipiter et secouer sa large poitrine. Il fait un effort pour reprendre haleine, puis s'avance à grands pas, touchant à peine le sol de ses pieds et se disant, comme s'il saisissait déjà Gravila : « Cette fois, je te tiens, tu ne m'échapperas pas ; je te prends sur le fait ! »

Mais il n'avait pas fait trois pas qu'une trainée de flammes, volant le long d'un tas de paille, venait déjà lécher le toit. A la vive lumière, Ivan reconnut distinctement Gravila ; il allait fondre sur lui comme l'autour fond sur l'alouette dans un champ, lorsque Gavrila, l'apercevant, bondit comme un lièvre et fila le long du hangar.

— Quand même, tu ne m'échapperas pas ! cria furieusement Ivan.

Et, s'élançant après le fuyard, il le rattrapa presque aussitôt ; mais au moment où il croyait le saisir par la nuque, Gravila lui glissa des mains, et, pour comble de malheur, Ivan se heurta à une perche qui faisait saillie ; la perche ayant cassé, il tomba sur le sol. Il se releva, prompt comme l'éclair, en se mettant à crier : « Au secours ! Arrêtez-le ! » Mais Gravila avait eu le temps de prendre de l'avance et de gagner sans accident la cour de sa ferme. Ivan l'y poursuivit ; il allait de nouveau le saisir, lorsqu'un coup dur comme celui d'un marteau le frappa au front, si fort qu'il s'arrêta tout étourdi. C'était Gravila qui, se sentant perdu, s'était saisi d'une tige de chêne et en avait donné un coup de toute sa force sur celui qui le poursuivait.

Un tourbillon d'étincelles voltigea devant les yeux d'Ivan, qui chancela comme un homme ivre et tomba évanoui. Quand il revint à lui, il ne vit plus Gravila, mais il faisait aussi clair que de jour, et du côté de la ferme partait un crépitement pressé, accompagné d'un bruit sonore comme celui d'une machine. Ivan se tourna d'un bond. Les flammes couronnaient le toit du hangar, toute la partie de derrière n'était déjà plus qu'un brasier. Une épaisse fumée s'élevait que le vent poussait avec les langues de feu et les brins de paille enflammés sur la maison.

— Oh ! mon Dieu ! mon Dieu ! fit-il d'une

voix désespérée en levant les bras au ciel et en se laissant retomber violemment sur le sol J'aurais dû retirer la botte de paille et l'étouffer sous mes pieds.

Il voulait crier, mais sa voix, étranglée dans sa gorge, ne pouvait pas sortir; son cœur se glaçait dans sa poitrine; il voulait se précipiter vers le feu, mais ses jambes refusaient d'aller, comme si elles eussent été de plomb. Il fit quelques pas et de nouveau la respiration lui manqua; il s'arrêta, faisant des efforts pour ravoir son souffle; quand il arriva enfin au lieu du sinistre, le hangar flambait de toutes parts et tout un angle de sa maison était attaqué; les flammes sortaient par les fenêtres et empêchaient l'accès dans la cour; tout le village s'était rassemblé, mais le mal était sans remède. Les voisins sauvaient en hâte ce qu'ils avaient de plus précieux, et sortaient le bétail des étables. Après la maison d'Ivan vint la ferme de Gravila; puis, un coup de vent chassant les flammes de l'autre côté de la rue, le feu prit aux habitations voisines, si bien que tout le village finit par être la proie des flammes.

Chez Ivan, on n'avait sauvé le vieillard qu'à grand'peine ; chacun avait sauté dehors comme il était, laissant tout dans les flammes. Tout le bétail fut perdu, à l'exception des chevaux qui étaient au pâturage ; les poules brûlèrent, sur leur perchoir ; chars, charrues, herses, la provision de blé au cellier, tout resta dans les flammes.

Gravila put sortir son bétail et sauver quelques menus objets.

Le feu dura une grande partie de la nuit. Ivan regardait d'un œil hébété l'élément destructeur achever son œuvre, et il répétait toujours : « Si, pourtant, j'avais retiré la paille pour l'étouffer sous mes pieds ! » Mais, au moment où la toiture s'effondra avec fracas, il se secoua soudain, et se précipita comme un furieux dans le brasier ; et, saisissant une poutre enflammée, il se mit à la tirer hors du feu. Les femmes, tout éplorées en le voyant faire, l'appelèrent en poussant des cris d'effroi ; mais il retira tranquillement la poutre et retourna en chercher une autre. Cette fois, il chancela et tomba dans le feu. Son fils aîné s'élança aussitôt pour le retirer. Il avait la barbe et les cheveux brûlés, les mains martyrisées, et cependant il paraissait ne rien sentir. On jugea que le chagrin l'avait rendu fou. L'incendie s'éteignait peu à peu, et Ivan était toujours là, immobile, l'œil fixe, regardant sa maison en cendres et continuant de marmotter comme un homme hors de sens : « Petit frère, il fallait vite retirer la paille, vite, vite... »

Le lendemain, le fils de l'ancien du village vint vers Ivan.

— Oncle Ivan, lui dit-il, ton père va mourir; il te fait appeler pour te donner sa bénédiction.

Ivan n'avait même plus le souvenir de son vieux père, et n'arrivait pas à comprendre ce qu'on lui voulait.

— Quel père? demanda-t-il, et qui fait-il appeler?

— Toi, oncle Ivan, c'est toi qu'il veut voir pour te donner sa dernière bénédiction. C'est chez nous qu'on l'a porté, et il est à ses derniers moments.

Ivan finit par comprendre un peu et se laissa conduire par le fils de l'ancien.

Au moment où on avait emporté le vieillard, celui-ci avait été atteint par une gerbe de paille enflammée et en avait reçu une dangereuse blessure. On l'avait porté chez l'ancien, dont la maison était à l'extrême limite du village, dans une sorte de faubourg que l'incendie devait en tout cas épargner.

A l'arrivée d'Ivan, il ne restait dans la maison que la mère de l'ancien et quelques enfants assis sur le poêle. La famille d'Ivan, où était-elle donc? Encore sur le théâtre de l'incendie. Le vieillard était couché sur un banc, sur une sorte de banc qui lui servait de lit; il tenait un cierge à la main et avait la tête tournée du côté de la porte, avec une expression d'attente anxieuse. Il fit un léger mouvement en entendant qu'on entrait. La vieille lui ayant dit que c'était son fils, il la pria de le faire approcher, et, quand Ivan fut auprès de lui, il commença de sa voix presque éteinte:

— Eh bien! pauvre jeune homme, que t'avais-je dit? Qui a brûlé le village?

— Qui, petit père? parbleu! personne d'autre que lui. Je l'ai vu moi-même. Devant mes yeux il a poussé la botte enflammée sous le toit. Si seulement je l'avais retirée et foulée sous mes pieds, rien ne serait arrivé...

— Mon fils, écoute-moi ! interrompit le vieillard. Ma dernière heure est venue ; songe que la tienne viendra aussi un jour, et dis-moi à qui est la faute si le village est incendié ?

Ivan, sans répondre un mot, regardait son père du même air idiot qu'il avait depuis la veille.

— Devant le Dieu éternel, réponds à ton père, pendant qu'il peut encore t'entendre : qui a fait le mal et que t'avais-je dit ?

Alors Ivan se sentit soudain remué ; les écailles tombèrent de ses yeux et il vit enfin clair. Il tomba prosterné devant la couche du vieillard en s'écriant d'une voix entrecoupée par les sanglots :

— C'est moi qui ai fait le mal, mon père, contre tes conseils, contre la volonté de Dieu. J'ai péché contre le ciel et contre toi. Pardonne-moi ! pour l'amour du Christ, mon père, pardonne-moi !

Le vieillard porta ses mains défaillantes sur

son cœur, prit le cierge dans sa main gauche et s'efforça d'élever la droite jusqu'au front pour faire le signe de la croix, mais les forces lui manquèrent, la main retomba inerte sur son sein.

— Loué sois-tu, ô Éternel! Loué sois-tu, ô Jésus! dit-il, ému au plus profond de son âme. Puis, regardant son fils : Ivan, est-ce que tu m'entends, mon fils?

— Je t'entends, mon père.

— Que vas-tu faire, à présent?

Ivan se remit à sangloter.

— Je ne sais pas, mon père. Quelle vie mènerons-nous dorénavant?

Le vieillard laissa tomber sa paupière fatiguée, tandis que sa mâchoire allait de droite à gauche, comme s'il faisait un effort pour rassembler ses dernières forces. Enfin il rouvrit les yeux et dit d'une voix qui s'était raffermie :

— Vous mènerez une bonne vie : vivez avec Dieu et le reste ira tout seul...

Il se tut de nouveau, et un sourire de félicité vint rayonner sur ses traits. Au bout d'un moment, il reprit encore :

— Seulement garde ta langue, Wanka! ne dis

jamais qui a mis le feu ! Cache les fautes du prochain, et Dieu répandra à double ses bénédictions sur toi.

Le vieillard reprit le cierge de ses deux mains en les joignant sur sa poitrine, poussa un profond soupir, se raidit et trépassa.

Ivan garda son secret et personne ne sut jamais comment le feu avait pris. Il n'y avait plus de rancune dans son cœur. Gravila ne savait que penser de ce changement étrange chez l'homme aux taches de rousseur, qui gardait le secret comme s'il eût été son complice. Dans les premiers temps, il se détournait avec terreur lorsqu'il voyait apparaître Ivan, mais bientôt il prit l'habitude de le voir sans effroi. Les deux paysans vivaient maintenant sans querelle et leurs familles suivaient leur exemple. Ils se prêtèrent un appui mutuel pendant le temps de la reconstruction, et quand tout le village fut rebâti et qu'on revit les jolies fermes neuves s'élever çà et là à la place qu'avaient occupée les anciennes, Ivan et Gravila eurent de nouveau leurs deux habitations proches voisines comme auparavant.

. . .

Ils reprirent dès lors toutes les traditions de bon voisinage des anciens, Ivan ayant toujours présent à l'esprit les paroles de son vieux père, et cet enseignement de la sagesse divine : « Éteins le feu pendant qu'il est encore temps. »

Il ne songe plus à se venger quand quelqu'un vient à lui nuire, mais il fait tout pour que la querelle se termine en douceur. A une parole vive, il se garde de répondre par une parole méchante, il tâche de convaincre par la douceur celui qui l'offense.

C'est ainsi qu'Ivan Tscherbakow règle maintenant sa vie et qu'il donne l'exemple aux siens, et cela lui fait des jours plus heureux.

QU'IL FAUT PEU DE PLACE

SUR TERRE A L'HOMME

I

Elles étaient deux sœurs. L'une avait épousé un marchand établi en ville, l'autre un cultivateur de la campagne. Un jour, la sœur aînée alla voir sa sœur la campagnarde, et tout en prenant leur thé, elles se mirent à causer.

— Comme je préfère mon genre de vie au tien, dit l'aînée : je suis élégamment logée, j'ai de jolies toilettes, mes enfants sont charmants dans leurs costumes bien faits ; je mange toujours de très bonnes choses, et notre temps se passe en promenades, en visites et en fêtes le soir.

— Je conviens, répondit la cadette, que tu as une douce existence, mais que de fatigues amènent les plaisirs, et que d'argent ils coûtent! Vous êtes sans cesse occupés à avoir assez d'argent pour faire face à beaucoup de nécessités que nous ignorons. Nous menons une vie plus régulière et plus saine, aussi nous portons-nous mieux que vous, et ne nous inquiétons-nous guère du lendemain pour vivre; la vie de la campagne est paisible comme le cours d'une rivière large et profonde. Le proverbe dit que le bonheur et le malheur voyagent ensemble; nous les accueillons philosophiquement quand ils passent, comme les paysans savent accueillir des voyageurs. Enfin... nous avons toujours le nécessaire.

— Vos bêtes l'ont aussi, ce nécessaire que tu vantes en ce moment, encore faut-il que vous le leur donniez; mais votre nécessaire à vous, vous devez le faire sortir de terre, et vous suez toute votre vie au soleil, au milieu du fumier, pour cela, et vos enfants feront comme vous.

— En seront-ils moins heureux? reprit vivement la cadette. La maison qui nous abrite est à nous, et ils s'y établiront; les champs que nous cultivons, nous les avons achetés par notre travail; nous sommes nos maîtres, et ne craignons personne. Quant à vous, vous êtes constamment inquiets, fiévreux, pressés, aujourd'hui contents, demain ennuyés. Et ton mari, quand il sort, où va-t-il? Il joue, il boit, il perd. Qu'en as-tu, toi?

Pacôme, le paysan, qui fumait tranquillement sa pipe derrière le poêle et écoutait cette conversation, pensa : Comme ma femme a raison ! Grâce à notre petite mère la Terre, nous sommes plus sages, et nous ne songeons guère aux folies. Si, seulement, notre propriété était plus grande, alors je braverais tout, même le diable.

Or, ce dernier, qui était aussi dans la chambre, entendant ce discours et la réflexion du paysan, se dit : « Ah! tu ne me craindrais pas si tu avais plus de terre à cultiver! Eh bien! je vais t'en donner, et tu verras ! »

II

Il y avait, près de chez Pacôme, une petite propriétaire d'une terre d'environ cent vingt déciatimes. Elle vécut en très bons termes avec lui, jusqu'au jour où elle engagea, comme intendant, un ancien militaire en retraite, qui infligea tant de vexations aux paysans, et les mit si souvent à l'amende, que tout le village en était consterné.

Pacôme, surtout, subissait la mauvaise humeur du nouvel intendant. C'était un jour son cheval qui mangeait quelques épis d'avoine, un autre jour, la vache qui pénétrait au jardin, une autre fois, les veaux avaient mangé de jeunes pousses. Ça n'en finissait pas. Le paysan payait ses amendes, et déversait ses colères rentrées sur sa femme et ses enfants. On apprit enfin que la propriété était à vendre, et que l'intendant voulait l'acheter. « Si ce méchant homme devient propriétaire, nos malheurs ne sont pas finis, dirent les paysans réunis, allons demander à cette dame de vendre son bien à la commune. »

Ils lui offrirent une somme plus forte que celle qu'offrait l'intendant, et la commune devint propriétaire du domaine. Les paysans voulurent alors partager le bien entre eux, mais comme ils ne parvenaient point à s'entendre, ils décidèrent que chacun d'eux achèterait autant de terre qu'il en pourrait payer.

Quand Pacôme vit ses voisins obtenir de beaux lopins de terre à des prix très modérés, il eut peur de ne pas en avoir aussi sa part, et en conféra avec sa femme.

— Il faut nous décider, et acheter de ce terrain comme les autres ; comptons nos économies.

Elles n'étaient pas lourdes, mais en vendant quelques meubles, du miel, en engageant son fils aîné comme domestique, Pacôme put avoir une plus grosse part que celle de ses voisins. Il alla signer son engagement à la ville, paya la moitié de la somme, et promit de solder le reste en deux ans.

Et voilà Pacôme qui a réalisé son rêve d'être grand propriétaire. Il ensemence ses terres.

Tout marcha à souhait pendant la première année, ses récoltes payèrent ses dettes. Il était fier de pouvoir dire « mes champs, mes bêtes, mes foins ». Les prairies lui semblaient plus vertes qu'autrefois, les arbres plus beaux, maintenant qu'ils lui appartenaient. C'est une joie que Dieu donne au paysan.

III

Tout bonheur n'est qu'un rêve ! Pacôme aimerait mieux que ses voisins ne fissent pas paître leurs troupeaux sur ses prés. Il le leur dit amicalement, ils ne se gênaient plus du tout, et la nuit même, leurs bêtes se promenèrent encore dans ses champs. Il savait bien que la pauvreté seule poussait ces gens à profiter un peu de sa richesse, mais comme cela ne pouvait durer, il se plaignit au tribunal.

Il en résulta qu'on lui paya des amendes comme il en payait autrefois, et qu'on commença de le détester, et de le lui prouver en maintes occasions.

Ainsi, un jour, en traversant son bois, Pacôme vit dix trous béants à la place de dix jeunes tilleuls, arrachés la nuit précédente.

— C'est Siemka qui a fait le coup ! s'écria Pacôme furieux, et il alla chez ce dernier.

Mais le rusé paysan avait pris ses précautions. Persuadé que Siemka était le coupable, Pacôme le dénonça, et comme on ne trouva aucune preuve, il fut acquitté au grand désappointement du plaignant, qui, chaque jour, subissait une vexation nouvelle. Pacôme était devenu un gros bonnet dans sa commune, mais il était mal avec tout le monde.

On parlait beaucoup des nouvelles contrées où allaient s'établir des gens trop à l'étroit chez eux. Pacôme se réjouissait intérieurement, et pensait que, s'il y avait des départs dans son village, il y aurait de la terre à acheter, et trouva qu'on était bien les uns sur les autres jusqu'à présent.

Un soir qu'il était assis à l'entrée de sa maison, un voyageur passa et lui demanda l'hospitalité. Pacôme le reçut cordialement, lui offrit un bon repas et le repos de la nuit.

— Où vous conduit la grâce de Dieu ? demanda-t-il le lendemain à cet homme.

Le voyageur lui dit qu'il venait des rives du

bas Volga, où il arrivait beaucoup de monde, mais qu'il n'en était pas encore venu assez, que les communes faisaient placarder des appels, et que les arrivants recevaient chacun dix déciatimes de terre à labourer : une terre extraordinairement productive.

— J'ai vu un pauvre paysan, ajouta-t-il, qui ne possédait au monde que ses deux bras, ensemencer son terrain avec du froment, et vendre pour cinq mille roubles de blé !

Pacôme resta ébahi. Aussi pourquoi toujours demeurer à la même place ? Et son esprit travaillait. « Je vendrai tout ici, et avec le prix de mes terres je partirai pour le Volga, ce pays béni où je ne serai plus contrarié, ni par les uns ni par les autres. J'irai voir. »

Il partit à la belle saison, et alla jusqu'à Samara, d'où il fit le reste du trajet à pied. Arrivé à destination, il vit qu'on ne l'avait pas trompé, et que les paysans de ce pays accueillaient bien les étrangers chez eux. La commune donnait, en effet, dix déciatimes de terre au nouvel arrivant, libre à lui d'en acheter encore s'il avait de l'argent.

Pacôme retourna chez lui, vendit tout ce qu'il possédait, maison, bétail, instruments, et, le printemps venu, il se mit en route avec toute sa famille.

IV

Quand il fut arrivé en ce nouveau pays, Pacôme invita les anciens à un repas, et se fit recevoir de la commune. Ses papiers étant en règle, on l'agréa tout de suite, et on lui donna une part de terre pour cinq personnes. Il se bâtit une maison, acheta du bétail, et se trouva plus riche qu'autrefois; la terre étant très fertile, l'élevage des troupeaux prospérait.

Pendant qu'il construisait sa maison, et montait son ménage, les choses allèrent à souhait pour Pacôme, mais quand il n'eut plus qu'à cultiver ses champs, il se trouva encore une fois trop à l'étroit.

Il rêvait un seul domaine, car ses champs étaient morcelés, et il fallait beaucoup de temps pour rentrer les récoltes. Un paysan ruiné lui proposa son bien. Il allait faire marché, quand un colporteur entra chez lui pour faire reposer son cheval. Cet homme arrivait de chez les Baskirs, où il avait acheté des terres à très bon compte.

Comme Pacôme le questionnait :

— Pourvu que vous soyez bien avec les anciens, vous êtes sûr d'avoir de la chance là-bas. Je leur ai offert des tapis, du drap, nous avons pris le thé ensemble, ces petites attentions m'ont coûté une centaine de roubles, mais j'ai eu de la terre autant que j'en ai voulu au bord du fleuve, à vingt kopecks la déciatime. Le pays est si vaste, qu'on n'en pourrait faire le tour en un an, puis les Baskirs ne s'entendent guère au commerce, il est très facile de s'arranger avec eux.

— Qu'allais-je faire? se dit Pacôme; pour le prix que je consacrais à un domaine ici, j'en aurai un bien plus vaste là-bas.

V

Quand il sut la route, il commença ses préparatifs de voyage, et alla à la ville acheter du drap, du thé, de l'eau-de-vie, comme le marchand le lui avait conseillé, puis il partit avec sa famille et un seul domestique.

Ils marchèrent longtemps... longtemps. Le septième jour, après avoir fait cinq cents verstes de chemin, ils arrivèrent au camp des Baskirs, et virent que le colporteur avait dit la vérité. Plusieurs de ces nomades habitent des chariots couverts (kibitkas), échelonnés le long du fleuve dans la steppe, et de là surveillent leurs troupeaux, bœufs, vaches et chevaux.

Ils attachent les poulains derrière les tentes, parce qu'on ne leur amène leurs mères que deux fois dans la journée, le lait des juments servant à faire du koumys, que préparent les femmes, en battant ce lait pour en séparer la crème, qui donne alors un fromage.

Le chef de famille reste oisif; il boit du thé, du koumys, mange du mouton et joue de la flûte.

Ces gens sont tous fort heureux, se portent bien, et ne demandent rien de plus à la vie. Ils ignorent d'ailleurs les choses étrangères, leur bonne foi et leur franchise sont inaltérables, et ils ne soupçonnent point la ruse.

Dès que Pacôme arriva au campement des Baskirs, tous sortirent de leurs tentes et coururent faire cercle autour de lui. Un interprète expliqua à la tribu que ces étrangers venaient acheter de la terre. Alors les Baskirs firent à Pacôme une réception très amicale ; on l'embrassa, et on l'installa dans la meilleure tente, avec des tapis, des coussins de duvet, et on lui servit du thé et du koumys. On tua même un mouton en son honneur.

Après cela, Pacôme déchargea sa voiture, et offrit aux Baskirs le thé et les provisions dont il s'était muni pour eux. Ceux-ci montrèrent une joie vive, et la témoignèrent bruyamment comme des enfants.

Puis ils causèrent entre eux d'une façon très animée. Pacôme était évidemment le sujet de leur conversation ; ce fut l'interprète qui lui en apprit le résultat.

— Les Baskirs, lui dit l'interprète, se sentent beaucoup d'amitié pour toi, et voudraient te procurer toutes les satisfactions possibles comme c'est l'usage quand on reçoit un hôte ; tu leur as fait des cadeaux, ils veulent te les rendre, et te demandent ce qui te plait le plus de tout ce que nous avons ici.

— C'est de votre terre dont je voudrais, répondit Pacôme ; je suis trop à l'étroit dans mon pays, qui est fatigué d'un long labourage. Vous avez beaucoup de terrain et de l'excellent, je n'en ai jamais vu de pareil.

L'interprète répéta ces paroles aux autres.

Les Baskirs continuèrent à parlementer, et, de plus belle, Pacôme les voyait rire et s'agiter : ils avaient l'air contents. Enfin, quand ils se tournèrent vers Pacôme, l'interprète reprit :

— Ils te remercient de ta bonté, et te donneront autant de terre que tu en désires, indique seulement où tu veux la prendre, elle t'appartiendra.

— Mais il me semble qu'ils se disputent un peu, les bons Baskirs; à propos de quoi cette discussion? demanda Pacôme.

— Il y en a qui veulent consulter l'Ancien, comme c'est l'usage ici; d'autres disent que ce n'est pas nécessaire.

VI

La discussion se prolongeait. Alors on vit entrer dans la tente un homme coiffé d'un bonnet en peau de renard. A son arrivée, tout le monde se leva et chacun se tut.

— C'est l'Ancien, dit l'interprète.

Il se mit à la place d'honneur, et Pacôme lui offrit une pelisse et plusieurs livres de thé. On lui raconta l'affaire, il écouta en souriant, puis s'adressa en russe à Pacôme :

— Tout cela est très faisable, choisis la terre que tu voudras, il y en a assez ici.

— Comment ferai-je, se dit Pacôme, pour en avoir beaucoup? Quelles limites fixera-t-on ? Car il s'agit qu'elles soient reconnues et qu'on ne me reprenne pas un jour ce qu'on m'a laissé.

Il dit aux Baskirs :

— Vous êtes très bons, et je vous remercie. Mais vos terres sont immenses, ce que j'en aurai y tiendra peu de place ; si peu que ce soit cependant, il faut le mesurer et le mettre par écrit, car vos enfants pourraient bien me reprendre un jour ce que vous m'avez donné. Vous savez que la volonté de Dieu fait que nous vivons et que nous mourons.

L'Ancien riait.

— Ce sera si bien fait qu'on ne pourra le défaire, lui dit-il.

Pacôme reprit :

— Je voudrais faire comme un marchand qui s'est établi chez vous ; vous lui avez donné de la terre et avez fait un traité avec lui.

L'Ancien reprit :

— Comme tu voudras ; nous avons ici un écrivain, nous irons à la ville avec lui, et nous ferons mettre le sceau public sur notre écrit.

— Quel sera le prix de la terre ?

— Mille roubles la journée, nous n'avons qu'un prix.

Pacôme ne revenait pas de cette manière de mesurer la terre.

— Mais combien aurai-je de déciatimes ?

— Nous n'avons pas vos habitudes de calculer. Tu auras pour mille roubles tout le terrain que tu parcourras en un jour.

Pacôme pensa qu'en un jour on pouvait faire beaucoup de chemin.

L'Ancien riait toujours.

— Oui, ajouta-t-il, tout ce terrain sera à toi, à une condition : il faudra que tu reviennes, à la fin de la journée, à l'endroit d'où tu seras parti, sinon tu perdras ton argent.

— Comment saurez-vous les directions que je prendrai ?

— Voilà comme nous ferons : nous nous réunirons tous à l'endroit d'où tu partiras. Tu iras à pied, et quelques jeunes gens te suivront à cheval pour planter des pieux où tu leur diras de le faire. Ensuite, nous ferons, avec une charrue, un sillon d'un pieu à l'autre. Tu es libre d'aller où bon te semblera, mais il faut que tu sois revenu à ton point de départ au coucher du soleil.

Pacôme accepta, et on décida d'entreprendre cette affaire dès le lendemain.

Puis on mangea du mouton qu'on arrosa de thé et de koumys.

A la nuit, tout le monde se sépara. Il fallait être debout dès l'aube, afin que Pacôme pût partir au lever du soleil.

VII

Pacôme se coucha, mais il ne dormit guère. Sa course du lendemain le préoccupait.

— Combien pourrai-je faire de chemin ? Il faut que j'en fasse beaucoup ; j'aurai alors une terre aussi grande qu'une principauté ! Je puis bien faire cinquante-deux kilomètres en un jour ! Les jours sont déjà longs. Je serai donc enfin mon maître, et n'aurai à m'incliner devant personne !

Voilà comment il passa sa nuit à faire des plans et à mettre les pâturages ici, et les laboureurs là.

Vers le matin, il fit ce rêve :

Il était en kibitka ; tout à coup il entendit un rire prolongé qui lui fit tourner la tête, et il vit l'Ancien des Baskirs se tenir les côtes secoué par une gaîté folle. Pacôme voulait lui demander la raison de ce fou rire, quand l'Ancien disparut pour être remplacé par le marchand qui lui avait parlé des Baskirs et qui le questionnait :

— Êtes-vous depuis longtemps ici ?

Pacôme allait lui répondre quand il vit à la place du marchand le paysan qui l'avait engagé d'aller au bord du Volga. Pacôme marchait vers le paysan, quand ce dernier se changea en une forme humaine à tête cornue et à pieds de cheval qui le regardait en ricanant. De plus en plus étonné, Pacôme se disait :

— Que me veulent-ils? Pourquoi l'Ancien rit-il toujours ?

Et, rêvant encore, il vit un homme étendu, vêtu d'une chemise et d'un caleçon, pieds nus ; la figure de cet homme est pâle, ses traits sont tirés, son nez animé ; Pacôme se penche et regarde : il se reconnaît et recule épouvanté. La secousse le réveille. Tout est possible en rêve, bah !

Il voit que la nuit s'éclaircit et qu'il est temps de se lever, d'appeler tout le monde et de se mettre en route.

VIII

Pacôme appela son domestique, qui couchait dans la tarantass (voiture à quatre roues), et lui commanda d'atteler, puis il alla appeler les Baskirs.

— Allons, il faut partir pour la steppe, leur cria-t-il.

Les Baskirs sortirent de leurs tentes et se rassemblèrent; on but du koumys, on voulut offrir du thé à Pacôme, mais il était pressé de partir.

— Nous boirons et nous mangerons au retour, leur dit-il, nous en aurons bien le temps alors.

Il monta dans sa voiture avec son domestique, les Baskirs le suivirent à cheval ou en tarantass. Quand on arriva au bord de la steppe, l'aurore jetait déjà des lueurs rouges sur le ciel : on s'arrêta sur un tertre, et l'Ancien dit à Pacôme, en lui désignant d'un geste large toute la plaine étendue devant eux :

— Voilà le pays qui nous appartient ; aussi loin que ton œil peut atteindre, choisis ce que tu veux en prendre.

Pacôme tressaille de convoitise, à la vue d'une plaine toute verte, unie comme un tapis, et dont l'herbe atteint la hauteur d'un homme.

L'Ancien ôte alors sa coiffure, et la posant au sommet du monticule, dit à Pacôme :

— Tu partiras d'ici ; mets ton argent dans ce bonnet, ton domestique demeurera là, et quand tu reviendras à cette place, tout ce que tu auras parcouru t'appartiendra.

Pacôme tire son argent de sa poche et le met dans le bonnet de l'Ancien, il se défait de son kaftan et reste en gilet. Il prend une provision de pain et attache une bouteille d'eau à sa ceinture. Il va partir. Il hésite. De quel côté va-t-il se diriger ? Qu'importe ! la steppe n'est-elle pas aussi fertile à droite qu'à gauche ? Elle est partout superbe.

Voilà le soleil qui apparaît tout à coup à l'horizon comme une boule de feu lancée par une force mystérieuse des profondeurs d'un lac de clarté ; il n'y a plus un instant à perdre, il faut profiter de la fraîcheur matinale pour aller plus vite, et Pacôme commence à marcher, suivi des cavaliers qui vont à la file après lui.

Il va d'un pas égal, ni trop vite, ni trop lentement ; quand il pense avoir fait une verste, il dit de placer un pieu, mais ne s'arrête pas. Peu à peu il accélère le pas, il s'excite, se presse, et commande de placer un nouveau piquet. Après avoir marché ainsi quelque temps, il se retourne et voit encore la colline avec les hommes qui y sont restés. Le soleil devient chaud, il ôte son gilet, il marche toujours.

Quand il pense, d'après la hauteur du soleil, que l'heure du déjeuner approche, il se dit :

« J'ai bien marché, si je continue ainsi, quelles terres j'aurai ! »

Et il ôte ses bottes pour marcher plus facilement.

« Quand j'aurai encore fait cinq verstes, je tournerai à gauche, » pense-t-il.

Mais plus il avance, et plus cette partie de la

steppe lui plaît ; il continue d'aller tout droit. Il voit encore la colline, mais si petite, si petite, que les hommes ont l'air de fourmis.

« Je changerai bientôt de direction, pense-t-il. Mais que j'ai chaud ! Je vais boire un peu. » Il prend sa bouteille sans s'arrêter, et fait planter un pieu. L'herbe devient très haute, il avance quand même, c'est bien fatigant ! Le soleil le brûle. Il est midi à peu près, et il s'arrête pour manger son pain.

« Si je m'assieds, pense-t-il, je m'endormirai bien sûr. »

Il reste debout et se remet à marcher ; le boire et le manger l'ont remis de ses fatigues, cependant la chaleur redevient plus forte et l'accable, il a sommeil, et il éprouve de terribles angoisses.

Il fait encore dix verstes dans cette direction. A quoi bon tourner à gauche ? Le pays est si beau ici ! quel sol gras ! le lin y poussera à merveille. Un pieu là. Voilà le second côté de fait.

Les hommes, maintenant, sont invisibles sur la colline.

Pacôme se dit :

« Les deux premiers côtés de mon domaine sont trop longs, je vais raccourcir les deux autres, sans quoi il ne sera pas carré, mais il faut me dépêcher. J'ai déjà autant de terre que j'en veux. »

Alors il se tourna, et marcha droit vers la colline.

IX

Les genoux de Pacôme commencent à fléchir, ses pieds se gonflent. Comme il se jetterait volontiers à terre pour dormir! mais c'est impossible, il faut arriver avant le coucher du soleil, une force invisible le pousse.

« J'ai été trop en avant, se dit-il. Le but me paraît tellement éloigné, et je suis épuisé ; arriverai-je seulement ? Il ne faut pas que je me sois donné tant de peine pour perdre mon argent. Allons ! courage ! »

Il repart, ses pieds saignent. Il court maintenant, et pour s'alléger, jette ses vêtements et son bonnet ; le soleil descend à l'horizon. Une angoisse mortelle lui coupe la respiration, il a tellement chaud que sa chemise et son pantalon sont collés à son corps, et son cœur frappe dans sa poitrine comme un marteau de fer.

Il oublie sa terre, une seule pensée le domine ; comment va-t-il arriver là-bas ? mourra-t-il en route ? Il ne sent plus ses genoux, mais il ne peut rester là.

« Si je m'arrête, après avoir tant couru, je passerai pour un fou. »

Il entend distinctement les Baskirs causer et rire, ils l'excitent même par leurs cris. Le soleil atteint les bords de l'horizon, la colline se rapproche. Voilà le bonnet de fourrure, l'argent y brille, l'Ancien est assis auprès, toujours secoué de son éternel fou rire.

« Mon rêve se réalise, s'écrie Pacôme ; j'ai de la terre maintenant, comme un roi, mais Dieu m'en laissera-t-il profiter ? »

Il se hâte, se hâte ; où est le soleil ?

L'astre est rouge, son disque élargi échancre le bout de l'horizon.

Il touche le bas de la colline au moment où le soleil disparaît.

« Tout est perdu, pense-t-il, et il gémit douloureusement. Cependant les Baskirs qui sont en haut doivent encore voir le soleil. » Il monte avec peine, encore quelques pas, il saisit le bonnet des deux mains, et tombe la face contre terre.

— Voilà un gaillard, prononce l'Ancien, il s'est acquis un grand domaine.

Le domestique de Pacôme veut relever son maître, il pousse un cri ; un filet de sang coule à travers des lèvres de Pacôme.

Il est mort !

L'Ancien se remet à rire, il se roule sur le sol ; quand il s'arrête, il dit au domestique :

— Creuse une fosse ici même à ton maître.

Et les Baskirs s'éloignent.

Resté seul, le domestique creuse une fosse pour Pacôme, — de la longueur du cadavre, — cinq pieds à peu près, et il y dépose son maître.

LE GRAIN DE BLÉ

Une troupe d'enfants jouait aux bords d'un fossé; l'un d'eux aperçut une chose qui ressemblait à un grain, mais si grosse qu'elle atteignait presque la dimension d'un œuf de poule.

Les enfants se passaient ce grain de main en main et le regardaient curieusement; un homme vint à passer et le leur acheta pour quelques kopecks; cet homme allait en ville, et il vendit cet objet à l'empereur, comme curiosité.

Les savants furent convoqués auprès du tzar pour analyser cet objet et dire si c'était une graine ou un œuf. Ils s'armèrent de leurs lunettes de microscopes et d'autres ustensiles ; leurs recherches furent vaines.

On posa cette chose sur le rebord d'une fenêtre. Les poules qui picoraient par là vinrent y donner des coups de bec et y firent un trou. C'était donc un grain, et facile à reconnaître, puisqu'il y avait un sillon au milieu ; alors les savants déclarèrent que c'était un grain de blé. L'empereur s'étonna, et commanda aux savants d'étudier pourquoi ce grain était si beau, et pourquoi on n'en voyait plus de pareil.

Les savants consultèrent leurs livres, leurs dictionnaires, leurs in-octavo, sans résultat.

— Sire, dirent-ils à l'empereur, les paysans seuls pourront vous renseigner au sujet de ce grain, ils ont peut-être entendu leurs anciens en parler.

On amena à l'empereur un paysan très vieux, sans dents, avec une grande barbe blanche ; deux béquilles le soutenaient.

Il prit le grain, mais il y voyait à peine ; il le tâta, le soupesa.

— Que penses-tu de cette graine, petit père? lui dit l'empereur. En as-tu vu de semblables dans ta vie ? A quoi peut-elle servir ? As-tu vu en semer, en récolter ?

Le vieux, qui était presque sourd, ne comprit pas l'empereur ; il répondit :

— Jamais je n'ai acheté de grain pareil ; jamais je n'en ai vu semer. Le blé que j'achetai était toujours très petit. Mon ancien peut-être vous l'apprendra, il a peut-être vu la plante qui donne cette graine.

L'empereur fit appeler le père du vieillard.

Il arriva avec une seule béquille, il y voyait encore assez bien, sa barbe n'était que grise ; l'empereur lui passa le grain ; il le considéra attentivement.

— Dis-moi à quoi est bon cette graine, petit père, lui dit l'empereur, et en as-tu vu planter depuis que tu travailles, et as-tu vu les autres en récolter dans leurs champs ?

— Non, répondit le vieillard ; je n'ai jamais vu ni acheté de graines de cette sorte, car, de mon temps, on ne se servait pas encore d'argent. Nous nous nourrissions alors du pain de nos récoltes, et nous en donnions à ceux qui n'en avaient point. Mais je ne connais pas cette graine. Je me rappelle, pourtant, avoir entendu dire à mon père que de son temps le blé poussait mieux et produisait de plus gros grains. Il faut questionner mon père.

Et on alla quérir le père de ce vieillard.

Celui-ci était droit et vigoureux, il arriva sans béquilles, ses yeux étaient vifs, il parlait très nettement, et sa barbe était à peine grise.

L'empereur lui montra le grain ; le vieillard le prit et le regarda longtemps.

— Comme il y a du temps que je n'ai vu de grain pareil ! dit-il. Il porta la graine à sa bouche, la goûta et continua : C'est bien cela, c'est de la même sorte.

— Tu connais donc cette graine, petit père ? dit l'empereur. Où pousse-t-elle et en quelle saison ? En as-tu semé et récolté toi-même ?

— Quand j'étais jeune, dit le vieillard, nous n'avions pas d'autre blé que de celui-là, nous en faisions notre pain de chaque jour.

— Vous l'achetiez ou le récoltiez ? demanda encore l'empereur.

— Autrefois, reprit le vieillard en souriant au souvenir de son jeune temps, on ne commettait pas le péché d'acheter ou de vendre le pain. On n'avait jamais vu d'or, et chacun avait autant de pain qu'il en voulait.

— Où était ton champ, petit père, et où poussait de pareil blé ?

— Mon champ, empereur, c'était la terre que Dieu nous a donnée à tous pour la cultiver. Alors, la terre n'appartenait à personne, elle était à tous ; chacun labourait ce qu'il lui fallait pour vivre, et mon champ, c'était le sol que je labourais. Personne ne disait « le tien, le mien, ma propriété, celle du voisin ». Nous récoltions le fruit de notre travail et nous nous en contentions.

L'empereur ajouta :

— Apprends-moi encore, vieillard, pourquoi le blé est si petit aujourd'hui et pourquoi il était si beau autrefois. Dis-moi encore pourquoi ton petit-fils marche avec deux béquilles, ton fils avec une seule, et pourquoi tu es encore vert et vigoureux malgré ton grand âge. Tu devrais être le plus cassé des trois, et tu es le plus alerte. Tes yeux sont clairs, tu as tes dents, et ta voix vibre comme celle des jeunes hommes de ce temps. Pourquoi es-tu ainsi, petit père ? Le sais-tu ?

— Oui, je le sais, empereur. Aujourd'hui les hommes s'usent à désirer plus qu'ils n'ont besoin ; ils sont jaloux et envieux les uns des autres. J'ai vécu dans la crainte et le respect de Dieu, et n'ai possédé que ce qui était à moi par mon travail, sans avoir jamais l'idée de vouloir le bien de mon prochain.

TABLE DES MATIÈRES

	Pages.
Pourquoi l'on tient à la vie.	5
Le petit cierge	63
Les deux vieillards	87
Trois façons de mourir	144
Éteins le feu pendant qu'il est encore temps	175
Qu'il faut peu de place sur terre à l'homme	223
Le grain de blé.	243

LIBRAIRIE BLÉRIOT, HENRI GAUTIER, Successeur
55, QUAI DES GRANDS-AUGUSTINS, PARIS

DERNIÈRES NOUVEAUTÉS PARUES
Juillet 1887 à Avril 1890

Auvray (Michel). — Le chemin de velours. 1 vol. in-12.	2 Fr.
Barthelemy (Ch.). — Le deuxième Empire. 1 v. in-12.	3 »
Besancenet (A. de). — Les Martyrs inconnus. 1 v. in-12	2 »
Beugny d'Hagerue (G. de). — Nelly. 1 vol. in-12.	2 »
Bourdon (Mathilde). — Conseils aux jeunes femmes et aux jeunes filles. 1 vol. in-12.	2 »
— Mademoiselle de Chênevaux. 1 vol. in-12	2 »
— Le mariage de Thècle. 1 vol. in-12.	3 »
Bourotte (Mélanie). — Sans héritiers. 1 vol. in-12.	2 »
Brémond (Jacques). — Maner Nevez. 1 vol. in-12.	3 »
Buxy (B. de). — Le secret de Lusabran. 1 vol. in-12.	3 »
Cassan (Marie). — Le notaire de Lozers. 1 vol. in-12	2 »
Chandeneux (Claire de). — Blanche Neige. 1 v. in-12.	2 »
Combes (Abel). — Un drame aux Antipodes. 1 v. in-12.	2 »
Coppin (José de). — Courageuse. 1 vol. in-12.	3 »
Croix d'Hins (C.). — Deux femmes. 1 vol. in-12.	2 »
Darville (Lucien). — Alsace et Bretagne. 1 vol. in-12	3 »
— Les agents des ténèbres. 1 vol. in-12.	2 »
— La belle Olonnaise. 1 vol. in-12.	2 »
Deslys (Charles). — Les diables rouges. 1 vol. in-12.	3 »
Du Campfranc (M.). — Le marquis de Villepreux. 1 vol. in-12	2 »
— Étrangère. 1 vol. in-12	2 »
Duchâteau (Pierre). — Pauvre Jean ! 1 vol. in-12.	2 »
Du Vallon (G.). — La destinée de Marthe. 1 vol. in-12.	2 »
Ethampes (G. d'). — La perle du Thouaré. 1 v. in-12.	2 »
Faligan (E.). — Le Mendiant de la Coudraie. 1 vol. in-12.	2 »
— Suzanne de Pierrepont. 1 vol. in-12.	3 »
Ficy (Pierre). — Orpheline. 1 vol. in-12	3 »
Fourniels (Roger des). — Avant, Pendant et Après. 1 vol. in-12	2 »
Fresneau (sénateur). — Une nation au pillage. 1 v. in-12.	2 »
Gervais (Marie). — Le rayon bleu. 1 vol. in-12.	2 »
Giron (Aimé). — Maître Bernillon, notaire. 1 vol. in-12	3 »
Harcoët (Marie de). — La banque Hoffelmann. 1 v. in-12	3 »
Hauterive (M. d'). — Mmes de Verdaynon. 1 vol. in-12.	2 »
Houdetot (Ctesse d'). — Le théâtre en famille. 1 v. in-16.	2 »
Jacquet (F.). — Manuel des connaissances utiles.	

Josefa (Marie-Thérèse). — Sans brevet. 1 vol. in-12 . . 2 Fr.
— Autour d'une dot. 1 vol. in-12 . . . . 2 »
Karr (Th.-Alphonse). — Catherine Tresize. 1 vol. in-12. 2 »
Lachèse (Marthe). — Josèphe. 1 vol. in-12 . . . . . 3 »
Lamothe (A. de). — Les grands soucis du docteur
       Sidoine. 1 vol. in-12. . . . . 3 »
Lionnet (Ernest). — Pauvre Tri. 1 vol. in-12 . . . . 2 »
— Député sortant. 1 vol. in-12 . . . . 2 »
Maltravers (Raoul). — L'erreur de Raoul. 1 vol. in-12 2 »
— Le pseudonyme de Mademoiselle Merbois. 1 vol. in-12 2 »
— Une belle-mère. 1 vol. in-12. . . . . 2 »
Marcus (Lord). — Le crime de la justice. 1 vol. in-12 2 »
— La fille du maudit. 1 vol. in-12. . . . . 2 »
— La libre-pensée, c'est le crime. 1 vol. in-12. . . . . 2 »
Maricourt (Cte A. de). — L'ancêtre voilé. 1 vol. in-12 3 »
— Le crime de Virieux-sur-Orques. 1 vol. in-12 . . . 2 »
Maryan (M.). — Le secret de Solange. 1 vol. in-12 . 3 »
— L'hôtel Saint-François. 1 vol. in-12. . . . . 2 »
— La cousine Esther. 1 vol. in-12. . . . . 3 »
Navery (De). — Les enfants du bourgmestre. 1 vol.
       in-12. . . . . 3 »
— La fleur de neige. 1 vol. in-12. . . . . 2 »
Osman Bey (Le major). — La conquête du monde
       par les Juifs. 1 vol. in-18. . . . . » 50
Pascal (G. de). — La Juiverie. 1 vol. in-12. . . . . . 1 »
Pinson (Mme). — La bague de fiançailles. 1 vol. in-12 2 »
Poitiers (Dr Louis de). — Histoire d'une folie. 1 v. in-12 2 »
— Les victimes du brevet. 1 vol. in-12 . . . . 3 »
Poli (Vte Oscar de). — Le masque de fer. 1 vol. in-12. 3 »
St-Hilaire. — Les fiançailles de Gabrielle. 1 vol. in-12. 3 »
Saint-Martin. — La mort d'un forçat. 1 vol. in-12 . 2 »
— Le drame du Marché-Noir. 1 vol. in-12 . . . . . . 2 »
Sandol (Jeanne). — Marthe. 1 vol. in-12. . . . . . . 2 »
— Le roman d'un désenchanté. 1 vol. in-12 . . . . . 2 »
Simond (Ch.). — L'expiation. 1 vol. in-12 . . . . . 3 »
Simons (A.). — Le Forestier. 1 vol. in-12. . . . . . 2 »
Verrier (A.-J.). — Saint Vincent de Paul à Tunis,
       drame lyrique en 4 actes . . . . 1 »

Tous les envois sont faits franco de port et d'emballage.

Écrire et envoyer mandat-poste ou autre valeur sur Paris à M. Henri GAUTIER, éditeur, 55, quai des Grands-Augustins, à Paris.

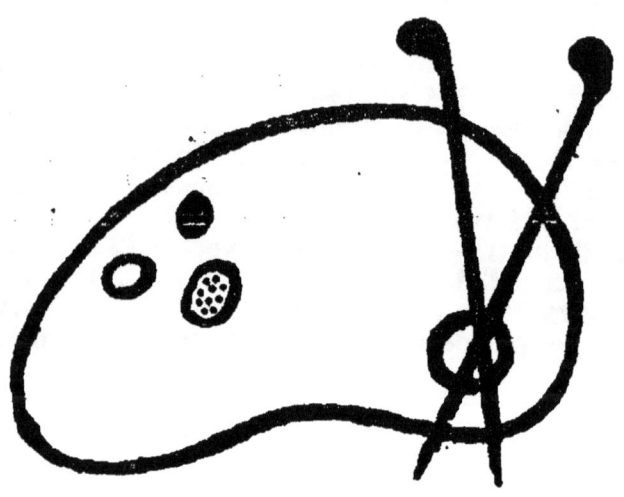

Original en couleur
NF Z 43-120-8

www.ingramcontent.com/pod-product-compliance
Lightning Source LLC
Chambersburg PA
CBHW070653170426
43200CB00010B/2218